Bien servir ses clients

Catalogage avant publication de Bibliothèque
et Archives nationales du Québec et Bibliothèque
et Archives Canada

Comtois, René-Louis

    Bien servir ses clients

    (Collection Affaires)

    ISBN 978-2-7640-1246-8

    1. Relations avec la clientèle. 2. Service à la clientèle. 3. Marketing relationnel. 4. Communication interpersonnelle. I. Laurent, Louise. II. Titre. III. Collection: Collection Affaires (Éditions Quebecor).

HF5515.5.C65 2010   658.8'12   C2010-941098-X

© 2010, Les Éditions Quebecor
Une compagnie de Quebecor Media
7, chemin Bates
Montréal (Québec) Canada
H2V 4V7

Dépôt légal: 2010
Bibliothèque et Archives nationales du Québec

Pour en savoir davantage sur nos publications,
visitez notre site : www.quebecoreditions.com

Éditeur : Jacques Simard
Conception de la couverture : Bernard Langlois

Illustration de la couverture : Corbis
Conception graphique : Sandra Laforest
Infographie : Claude Bergeron

Imprimé au Canada

Gouvernement du Québec – Programme de crédit d'impôt pour l'édition de livres – Gestion SODEC.

L'Éditeur bénéficie du soutien de la Société de développement des entreprises culturelles du Québec pour son programme d'édition.

Nous reconnaissons l'aide financière du gouvernement du Canada par l'entremise du Fonds du livre du Canada pour nos activités d'édition.

DISTRIBUTEURS
EXCLUSIFS :

- Pour le Canada et les États-Unis :
  MESSAGERIES ADP*
  2315, rue de la Province
  Longueuil, Québec J4G 1G4
  Tél. : (450) 640-1237
  Télécopieur : (450) 674-6237
  * une division du Groupe Sogides inc.,
  filiale du Groupe Livre Quebecor Média inc.

- Pour la France et les autres pays :
  INTERFORUM editis
  Immeuble Paryseine, 3, Allée de la Seine
  94854 Ivry CEDEX
  Tél. : 33 (0) 4 49 59 11 56/91
  Télécopieur : 33 (0) 1 49 59 11 33

  **Service commande France
  Métropolitaine**
  Tél. : 33 (0) 2 38 32 71 00
  Télécopieur : 33 (0) 2 38 32 71 28
  Internet : www.interforum.fr

  **Service commandes Export –
  DOM-TOM**
  Télécopieur : 33 (0) 2 38 32 78 86
  Internet : www.interforum.fr
  Courriel : cdes-export@interforum.fr

- Pour la Suisse :
  INTERFORUM editis SUISSE
  Case postale 69 – CH 1701 Fribourg
  – Suisse
  Tél. : 41 (0) 26 460 80 60
  Télécopieur : 41 (0) 26 460 80 68
  Internet : www.interforumsuisse.ch
  Courriel : office@interforumsuisse.ch

  Distributeur : OLF S.A.
  ZI. 3, Corminboeuf
  Case postale 1061 – CH 1701 Fribourg
  – Suisse

  Commandes : Tél. : 41 (0) 26 467 53 33
  Télécopieur : 41 (0) 26 467 54 66
  Internet : www.olf.ch
  Courriel : information@olf.ch

- Pour la Belgique et le Luxembourg :
  INTERFORUM BENELUX S.A.
  Fond Jean-Pâques, 6
  B-1348 Louvain-La-Neuve
  Tél. : 00 32 10 42 03 20
  Télécopieur : 00 32 10 41 20 24

René-Louis Comtois
Louise Laurent

Bien servir ses clients

LES ÉDITIONS
Quebecor
Une compagnie de Quebecor Media

« *L'entreprise est élue tous les jours par ses clients.* »

François Michelin

Remerciements

Je voudrais remercier tous les participants et toutes les participantes que j'ai croisés au cours de mes années de formation et qui ont su enrichir mes connaissances de leurs expériences et de leurs témoignages.

Toute ma gratitude à Louise Laurent, ma rédactrice et collaboratrice de longue date. Sa participation à la rédaction de ce livre m'a permis de concrétiser mon projet d'écriture.

Je remercie toute l'équipe de Formations Qualitemps inc. qui me soutient et m'encourage depuis de nombreuses années et qui facilite la concrétisation de mes aspirations.

Merci à tous les membres de l'équipe des Éditions Quebecor pour le plaisir de travailler avec eux et pour leur souci constant de fournir aux gens d'affaires des ouvrages inspirants.

Je tiens enfin à remercier Johanne, ma compagne de vie, et mes enfants, Daphné, Gabrielle et Antoine, qui partagent et enrichissent mon existence et qui la rendent plus paisible quand la pression se fait sentir.

René-Louis Comtois

Avant-propos

La nécessité de donner un service de qualité n'est plus à démontrer. Elle est en lien direct avec la transformation de nos sociétés et l'évolution des tendances du marché. Jusqu'au milieu du siècle dernier, la demande pour des produits manufacturés était plus grande que l'offre et les entreprises étaient certaines de vendre tout ce qu'elles fabriquaient. Mais ces temps sont bien loin derrière nous !

Les dernières décennies ont été marquées par une augmentation constante du nombre de produits et de services offerts. De nos jours, l'offre est plus grande que la demande et la concurrence s'est accrue dans tous les secteurs d'activité, mouvement qui s'est encore accentué avec la mondialisation.

Il n'y a plus d'écarts importants entre les prix, les produits et les garanties. Même les services qui accompagnent certaines transactions d'achat se sont raffinés : lavage gratuit de la voiture après une réparation, espaces de jeux pour les enfants des clients, etc. Les efforts des entreprises pour se démarquer ont créé des attentes qui n'existaient pas autrefois. Ici comme ailleurs, l'escalade a été rapide : ce qui était considéré comme exceptionnel hier est devenu la norme aujourd'hui.

Comment bien servir vos clients dans un monde si différent de l'ancien ? C'est ce que nous verrons dans ce livre. Nous aborderons tous les facteurs qui doivent être pris en considération pour bien servir nos clients.

Avec des techniques et des méthodes éprouvées, vous parviendrez à bien doser vos efforts et à viser juste. Si la tâche vous semble énorme au départ, dites-vous bien que l'entier de la théorie repose sur deux axiomes faciles à comprendre et à appliquer. Le premier, c'est que chaque client est un être unique et qu'il veut être traité comme tel. N'est-ce pas le cas pour chacun d'entre nous ? Le second, c'est que, derrière chaque client, il y a un être humain qui partage avec vous les grands besoins communs à tous les êtres humains.

Apprendre à bien servir nos clients, c'est donc nous aventurer sur un terrain familier, puisque nous sommes tous des êtres humains et tous des clients un jour ou l'autre. C'est une aventure dont chacun peut sortir grandi, car le fait de donner un service de qualité contribue à la satisfaction personnelle, à l'estime de soi et au bien-être de tous, tant de ceux et celles qui mettent leur savoir-faire au service du client que des clients eux-mêmes.

Il est à noter que vous trouverez à certains endroits un pictogramme ( ) vous indiquant d'utiliser un cahier ou une feuille blanche pour écrire vos idées ou vos réponses aux questions.

1

Développez vos habiletés relationnelles

Les bases de toute relation

Commençons par poser les bases de notre démarche. Qu'est-ce que la relation client? Qu'est-ce qui la distingue des autres types de relations? Il n'y a rien qui la différencie vraiment. C'est une relation complète, comparable en tout point à celles que l'on entretient avec ses parents et ses amis.

Pour donner un service de qualité, il est important de reconnaître avant tout le côté humain de chaque individu, de se mettre sur un pied d'égalité avec lui, d'accueillir ses émotions et d'avoir de l'empathie. On ne rencontre pas un client, on rencontre un autre être humain. L'empathie permet de saisir le point de vue de l'autre, de comprendre ses réactions, tout en se distanciant pour mieux agir. L'empathie fait naître la confiance, élément clé de toute relation, qu'il s'agisse de relations d'affaires ou de relations personnelles.

Il vaut donc mieux éviter de traiter la relation client d'une façon trop rationnelle. On entre en relation par la porte des sentiments. Si on abordait les gens en accueillant simplement leurs émotions, il faudrait bien peu de techniques pour donner le meilleur service à la clientèle qui soit!

Une fois reconnu cet aspect universel des relations humaines, nous nous devons d'aller plus loin si nous voulons vivre une démarche client durable. L'approche de cet ouvrage sera donc le suivant:

- Établir certaines règles relationnelles basées sur la reconnaissance des différences entre les individus et sur la qualité des communications;
- Déterminer les gestes clés qui pourront mieux répondre aux différentes attentes de nos clients;
- Nous donner les moyens de désamorcer les situations difficiles et nous en servir pour améliorer notre service et diminuer la fréquence des insatisfactions des clients;
- Pousser la réflexion jusqu'à l'analyse de ce que nous pourrions appeler les processus service de l'entreprise. À cette fin, nous verrons comment amorcer une démarche client en analysant systématiquement les différents points de contact entre les clients et l'entreprise et en choisissant différentes stratégies pour les améliorer.

Une démarche d'amélioration du service à la clientèle représente plusieurs avantages pour une entreprise. Mentionnons:

- un meilleur climat de travail;
- la reconnaissance des clients;
- des employés satisfaits;
- de meilleurs profits pour l'entreprise.

J'espère que cet ouvrage saura favoriser chacun de ces aspects.

Le client a-t-il toujours raison?

Examinons d'abord un principe souvent évoqué en service à la clientèle : « Le client a toujours raison. »

Nous connaissons tous ce slogan qui a maintenant plus d'un siècle. C'est en effet en 1909 qu'Harry Gordon Selfridge, homme d'affaires londonien, lançait cette phrase qui a fait depuis le tour du monde. Nous avons tous entendu ce slogan, un jour ou l'autre, dans le cadre de notre travail, sans que personne ne parvienne à nous en convaincre et nous continuons à le répéter du bout des lèvres, sans trop y croire.

Soyons sincères. Nous ne pouvons pas donner raison à quelqu'un qui a tort, à moins qu'il ne nous soit complètement indifférent. Renoncer à faire valoir notre opinion, dire « Oui, vous avez raison » quand nous ne le croyons pas, c'est presque une forme de mépris.

Alors, comment peut-on s'en sortir en service à la clientèle ? Comment peut-on appliquer ce principe sans utiliser de faux-fuyants et sans faire de compromis ? Imaginons une situation. Quelqu'un vous fait une critique. Il est insatisfait, étonné, votre service ne répond pas à ses attentes, il demande un remboursement qui n'a aucun sens, il aurait dû savoir que l'appareil ne fonctionnerait pas s'il ne suivait pas les instructions, etc. En d'autres mots, il a tort. Y aurait-il un moyen de retourner la situation dans le but de créer l'harmonie et de faire en sorte que chaque partie soit gagnante ?

Il y a, dans cette situation, un point sur lequel on peut tous s'entendre : la «véracité» de l'émotion de ce client. Il a peut-être tort dans son interprétation des faits, mais il a raison d'être inquiet, déçu, d'avoir peur de ne pas être accepté, etc. Si on partait de ça tout simplement, si on commençait par accepter son émotion avant de s'occuper des faits ?

Lorsqu'ils expriment un besoin, les êtres humains sont d'abord émotifs. Qu'elles soient négatives ou positives, les émotions sont rapides, spontanées. Ce sont nos mécanismes de survie, après tout. Lorsqu'elles se manifestent, elles décuplent les forces d'un individu. S'opposer à une émotion, la bloquer pour passer au mode rationnel, c'est s'opposer à une force qui empêche la raison de fonctionner. Une émotion qu'on bloque ne peut que se décupler.

Permettez-moi de me citer en exemple. Même si j'ai une personnalité assez forte, j'ai généralement peur de ne pas être accepté quand je vais porter plainte. C'est humain. Si on m'accueille bien, si je suis reçu avec un sourire sincère, les raisons de mon insatisfaction commenceront déjà à perdre de leur intensité et je serai davantage enclin à devenir rationnel. Mais si c'est le contraire qui se produit, que mon émotion est reçue avec hostilité, alors toute ma force de caractère resurgira et je deviendrai à coup sûr beaucoup plus combatif.

Mieux vaut donc laisser à l'autre la possibilité de vivre et d'exprimer l'émotion qu'il ressent. On pourra, par la suite, s'adresser beaucoup plus facilement à sa raison. Ce n'est pas nécessaire d'endosser les idées du client pour parvenir à s'entendre. Heureusement d'ailleurs, car c'est très difficile de se dissocier de ses convictions. Toutefois, on peut se dissocier des émotions de l'autre, se dire qu'elles lui appartiennent et accepter qu'elles se manifestent. On n'a pas à se dire : «Si j'étais lui, j'agirais autrement.» On n'a pas à raisonner le bien-fondé d'une émotion. Les émotions n'ont rien de rationnel.

On a souvent tendance à se mettre sur la défensive aussitôt qu'on entend quelqu'un manifester son insatisfaction. On se braque devant la moindre remarque, on se sent aussitôt dévalorisé. On agit comme ça avec tous les gens qu'on côtoie, les clients, le patron, un partenaire, un collègue, son conjoint. Si on commençait tout simplement par accueillir leurs émotions et qu'on démontrait de l'empathie, la majorité des difficultés relationnelles pourraient rapidement évoluer dans le bon sens.

Pour faire intervenir la raison, mieux vaut donc commencer par laisser entrer les sentiments. Les choses ne pourront que s'améliorer par la suite, car l'intensité des émotions baissera presque naturellement. Quand l'émotion diminue, on peut se mettre en mode rationnel. On peut même commencer à voir les choses sous un autre angle. On pourra alors plus facilement cerner les vraies attentes du client et travailler à trouver une solution qui saura le satisfaire, tout en convenant aux besoins de l'entreprise.

Quand on parle de service à la clientèle, c'est presque un cliché de dire qu'il faut être empathique. Or, qu'est-ce que l'empathique, sinon l'acceptation des émotions de l'autre. L'application du principe «Le client a toujours raison» est donc basée, au départ, sur la pratique de l'empathie. Et c'est très utile non seulement en service à la clientèle, mais aussi dans toutes les occasions de la vie.

C'est ce qu'on fait lorsqu'on manifeste par notre attitude, par notre ouverture à l'autre et qu'on lui dit: «Je vous comprends», «Je vous écoute», «Si je vous comprends bien», etc. L'écoute, c'est de l'empathie en action!

La qualité des relations clients est basée sur une pratique constante d'ouverture d'esprit et d'acceptation de l'émotion de l'autre. C'est la clé du succès des relations interpersonnelles et l'éclairage sous lequel j'ai voulu placer ce livre.

> Accueillir l'émotion du client,
> c'est la base de toute la qualité
> en service à la clientèle.

Les différents types de personnalités

On a tous entendu ce précepte considéré comme une règle de base dans la conduite des relations interpersonnelles : « Ne fais pas aux autres ce que tu ne voudrais pas qu'on te fasse. » Partant de là, on a tendance à en déduire cette autre règle : « Traite les autres comme tu voudrais être traité. » Ce n'est pas faux en soi, mais il faut y apporter des nuances et tenir compte des différences.

Quand je donne des formations en service à la clientèle, je pose souvent la question : « Est-ce que vous aimez être "pris en charge" dès que vous entrez dans un magasin ? » La plupart des participants répondent non. Pourtant, ce n'est pas mon cas, au contraire. Il peut même y avoir deux vendeurs qui m'accueillent et qui s'occupent de moi, et je vais les tenir occupés !

Nous avons tous nos préférences. En tant que clients, nos besoins diffèrent probablement de ceux de plusieurs de nos clients. Il y a des gens qui aiment être servis rapidement, d'autres qui préfèrent prendre leur temps et réfléchir. Il y en a certains qui aiment décider par eux-mêmes, d'autres qui aiment être conseillés. Il y en a qui sont impulsifs et qui achètent rapidement, d'autres qui hésitent longtemps, qui aiment comparer et bien peser le pour et le contre.

Ces préférences sont reliées aux différents types de personnalités. Vous connaissez sans doute les tests de personnalité et vous en avez peut-être passé quelques-uns. Ceux-ci ont permis d'établir des catégories avec leurs profils psychologiques et leurs aptitudes. La typologie de Holland, peut-être la plus célèbre, distingue, quant à elle, six profils: le Réaliste, l'Investigateur, l'Artiste, le Conventionnel, l'Entreprenant et le Social.

Si on a affaire à un Investigateur, par exemple, on peut s'attendre à ce qu'il pose beaucoup de questions. Il faudra prendre le temps de lui répondre. Si on a affaire à un Social, le sourire, la chaleur et la conversation feront partie des attentions qu'il aime recevoir.

Quand quelqu'un téléphone dans mon entreprise et pose, dès le départ, des questions directes (le prix, l'heure, la durée du cours), on peut lui demander: «Aimeriez-vous que je vous parle davantage du contenu?» Mais ce serait mieux de lui dire tout simplement: «Aimeriez-vous que je procède dès maintenant à votre inscription?» car on peut sentir qu'il a une personnalité d'Entreprenant. Cela s'entend.

C'est donc important de tenir compte des personnalités et ne pas décider en nous basant sur nos préférences personnelles. Cette approche permet d'harmoniser les relations.

Une des compétences relationnelles que l'on doit développer en service à la clientèle, c'est l'habileté à reconnaître les différents types de personnalités. On peut alors s'adapter à ses clients en cernant mieux leur profil et leurs préférences, sans jouer au psychologue, bien sûr.

La maxime «Traite les autres comme tu aimerais être traité» ne peut avoir de valeur que si l'on tient compte des besoins et des émotions de l'autre, en d'autres mots que si l'on manifeste de l'empathie, cette grande qualité en service à la clientèle.

Pour donner un service de qualité, on se doit donc de traiter les clients comme ils veulent l'être. C'est sans doute ce qui a conduit Milton Bennett (1979) à proposer de remplacer cette règle d'or par une règle de platine: «Fais aux autres comme eux-mêmes voudraient faire pour eux. » L'avantage de celle-ci, c'est qu'elle nous invite au dialogue.

Si vous ne l'avez jamais fait, amusez-vous, allez passer un test de personnalité pour découvrir votre profil. Cela vous permettra de vous ouvrir aux autres, tout en restant vous-même.

> **Il n'y a pas une seule bonne façon de servir ses clients, comme il n'y a pas un seul type de personnalité. Mieux vaut donc s'adapter à ses clients et suivre leur rythme.**

Soigner la qualité de ses relations

Les causes de la non-fidélité des clients

Nous nous devons de soigner la qualité de nos relations. Nous savons que les clients ne sont plus fidèles, mais nous ignorons bien souvent que la non-fidélité des clients est causée, en grande partie, par les difficultés relationnelles qu'ils éprouvent au cours d'une transaction d'achat (ou d'un désir de transaction) : de trop longs temps d'attente, des promesses non tenues, des difficultés à obtenir de l'information et, surtout, l'indifférence du personnel. Regardons quelques données ensemble.

Les raisons de départ de nos clients[1]

Décès	1 %
Déménagement	3 %
Influence d'amis	5 %
Concurrents	9 %
Produit ou service inadéquat	14 %
Indifférence du personnel	68 %

Comme nous le voyons dans ce tableau, l'indifférence du personnel est la principale cause du départ des clients.

---

1. Source : Jerry R. Wilson.

« Pas de qualité sans qualités humaines »

En affaires, on ne peut certes pas dire : « Un de perdu, dix de retrouvés. » On se doit de tenir compte du « coût de remplacement » d'un client. Saviez-vous qu'une vente coûte 20 fois moins cher quand elle est faite à un client déjà existant et que le recrutement d'un nouveau client coûte cinq fois plus cher que d'en garder un ancien ?

Selon certains économistes, la non-fidélité des clients représenterait des pertes pouvant aller jusqu'à 15 % et même 30 % des revenus bruts d'une entreprise. C'est donc un point dont on ne saurait sous-estimer l'importance dans un contexte économique instable !

Comment l'entreprise peut-elle contrer la non-fidélité de ses clients ? En misant sur la qualité des relations qu'elle entretient avec eux. Vos clients s'attendent bien sûr à ce que vos produits soient de qualité, que les quantités que vous offrez répondent à la demande et que vos prix soient compétitifs. Mais comme l'écrit Yvan Dubuc[2] : « Même si vous êtes en mesure d'offrir une marchandise de qualité, rappelez-vous que la qualité du service [...] représente pour le client l'aspect le plus significatif de la transaction. »

Un service de qualité augmente la satisfaction des clients et influence leur comportement d'achat. Un client satisfait aura tendance à acheter plus, il acceptera de payer plus cher parce qu'il a confiance en votre entreprise et il sera moins sensible à la publicité de vos concurrents. Nous le savons tous d'expérience : lorsqu'on est satisfait de son garagiste, de son plombier, de son dentiste, de son conseiller, de son libraire, on n'a pas le goût de changer de fournisseur.

Le taux de fidélité des clients a nécessairement un effet direct sur les performances de l'entreprise. Plusieurs études ont d'ailleurs dé-

---

2. Yvan Dubuc, *La passion du client,* Montréal, Éditions Transcontinental inc., Fondation de l'entrepreneurship, 1993, p. 123.

montré le lien entre la satisfaction des clients et l'accroissement des ventes. Dans une étude comparative publiée en 1999 sur la loyauté des clients et la performance des entreprises, Deloitte parle d'un écart de plus de 30 % entre la croissance des ventes d'une entreprise qui pratique l'approche client et celle d'une entreprise qui ne la pratique pas[3]. C'est beaucoup !

Il ne faut toutefois pas sauter aux conclusions et penser que tous les clients satisfaits seront fidèles à 100 %. Pour s'assurer de la loyauté de ses clients, on se doit d'ajouter un autre ingrédient tout aussi important que la satisfaction : la qualité de la relation.

Toutes les entreprises peuvent améliorer leurs processus et leurs méthodes. Vos compétiteurs peuvent le faire autant que vous. Le seul domaine où vous pouvez vous distinguer est dans la qualité de vos relations. « Pas de qualité sans qualités humaines[4]. »

Des relations harmonieuses permettent d'augmenter le bien-être des clients eux-mêmes, c'est certain. Mais il ne faut pas oublier les répercussions positives sur tous ceux et toutes celles qui sont en contact avec eux, c'est-à-dire vos employés, ce que nous pourrions illustrer ainsi :

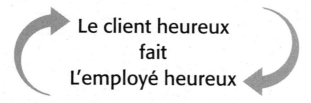

Le client heureux
fait
L'employé heureux

(À lire de haut en bas et de bas en haut.)

---

3.   Deloitte, *Making Customer Loyalty Real : Lessons from Leading Manufacturers*, New York, Deloitte Reasearch, 1999.

4.   Bernhard Adriaensen, Marc Ingham et Michel Vankerkem, *Marketing et qualité totale*, coll. Entreprise, Paris, De Boeck, 1993.

Cette dynamique des relations n'est pas sans fondement. Au cours d'une recherche sur le rôle des relations entre les gens, qui a duré plus de 20 ans, Nicholas Christakis et James Fowler ont tenté de savoir si le bonheur pouvait se répandre d'une personne à l'autre.

Les résultats de leurs recherches sont assez étonnants! Il semblerait en effet que le degré de bonheur d'un individu peut se propager dans les groupes sociaux dont il viendrait modifier la structure, créant ainsi un groupe social heureux. Selon ces mêmes auteurs, cette propagation pourrait même s'étendre jusqu'au troisième degré (c'est-à-dire à l'ami de votre ami, par exemple).

Il se pourrait donc, pour en revenir au sujet qui nous intéresse, qu'un client heureux puisse rendre un employé heureux, et vice et versa, comme nous l'avons vu dans le schéma précédent. Alors, si c'est contagieux, pourquoi ne pas souhaiter que le virus du bonheur se propage rapidement dans toute votre entreprise?

2

Découvrez les attentes de vos clients

Les attentes implicites

Lorsqu'un client se présente dans une entreprise ou lorsqu'il téléphone, c'est pour combler un besoin : besoin de dormir et pour cela trouver un bon matelas ; besoin de sécurité et pour cela trouver un bon conseiller financier ; besoin de progresser et pour cela trouver de bonnes formations ; besoin de se loger et pour cela acheter une bonne maison, etc.

Le besoin du client est généralement simple en apparence, mais la satisfaction de celui-ci fait naître chez lui des attentes d'autant plus difficiles à saisir qu'elles sont rarement exprimées. Prenons l'exemple d'un client qui veut refaire sa clôture. Il a déjà pris les mesures et même fait le dessin de ce qu'il veut construire. Il se présente donc dans une quincaillerie, à la recherche des matériaux dont il a besoin.

Si vous vous dirigez vers lui en lui demandant : «Que puis-je faire pour vous ?», il y a peu de chances pour qu'il vous réponde : « J'ai besoin de bois pour construire ma clôture et j'aimerais que vous vous y connaissiez un peu en construction, que vous ne serviez pas un autre client en même temps que moi, que vous soyez patient car j'ai besoin de plusieurs articles, que vous soyez courtois, que vous me garantissiez la qualité de vos produits, que vous ayez un bon service de livraison, que la caissière ne fasse pas d'erreurs et que vous soyez là pour m'aider s'il survenait un problème. »

Les grandes attentes du client sont tous ces «J'aimerais» que le client souhaite intérieurement, ces «J'aimerais que vous vous y connaissiez», «J'aimerais que vous ne serviez pas un autre client», etc. Bien qu'elles soient rarement formulées comme nous l'avons fait dans l'exemple précédent, toutes ces attentes sont présentes dans la tête du client à chaque transaction d'achat.

Les huit grandes attentes des clients

J'aime bien regrouper toutes ces attentes, tous ces «J'aimerais» sous huit grandes catégories, faciles à traiter[5] : le plaisir et la reconnaissance ; l'empathie ; la compétence des employés ; la rapidité et l'accessibilité ; la fiabilité, la sécurité et la tangibilité ; la crédibilité ; la courtoisie ; et l'appartenance.

Première attente : le plaisir et la reconnaissance

Tous les clients aiment sentir le plaisir qu'apporte leur clientèle. Ils ont besoin de savoir que leur appel ou leur visite est un événement joyeux et qu'ils ne sont pas seulement «un autre client» !

On peut manifester du plaisir et de la reconnaissance envers un client :

- en l'accueillant au téléphone avec un sourire dans la voix ;
- en reconnaissant sa voix au téléphone si ce n'est pas son premier appel ;
- en le nommant par son nom ;
- en l'écoutant ;

---

5. On trouve ces mêmes attentes, parfois regroupées autrement, chez plusieurs observateurs, dont Marcel Alain, Parasuraman, Berry et Zeithaml, Gilbert Rock et Marie-Josée Ledoux.

- en se souvenant de lui s'il n'en est pas à sa première visite ;

- en ne faisant pas un petit travail en même temps qu'on le sert ;

- en étant courtois ;

- en soignant d'abord ses clients existants (attention aux réductions et aux cadeaux offerts exclusivement aux clients que l'on recrute).

Auriez-vous d'autres idées qui vous permettraient de manifester votre plaisir et votre reconnaissance envers vos clients ?

Deuxième attente : l'empathie

L'empathie permet d'aller vers l'autre et d'accueillir ses émotions en se servant de son intelligence émotionnelle pour le comprendre et de sa créativité pour trouver des solutions. Elle permet de créer des liens et d'entretenir des relations harmonieuses.

> *« Les gens n'ont pas besoin de conseils,*
> *ils ont besoin de compréhension. »*
>
> H. Jackson Brown

On peut manifester de l'empathie envers un client :

- en ayant une attitude bienveillante ;

- en s'intéressant à lui ;

- en évitant les préjugés et les idées préconçues ;

- en accueillant les émotions d'un client qui porte plainte et en le laissant s'exprimer librement.

Auriez-vous d'autres idées qui permettraient aux gens dans votre entreprise de manifester leur empathie envers vos clients ?

Troisième attente : la compétence des employés

La compétence des employés, c'est un ensemble de savoirs (savoir-faire, connaissances et savoir-être) qui leur permettent de communiquer aux clients tous les renseignements nécessaires avant, durant et après l'acte d'achat. La compétence est l'un des aspects les plus appréciés de la personnalité des gens responsables du service à la clientèle.

Pour que ces connaissances soient utiles, on doit toutefois avoir le goût de les partager avec courtoisie, sans chercher à en faire l'étalage. Comme le dit Ginette Salvail : « En affaires, vous êtes le message et deux facteurs essentiels contribuent à votre succès sur ce plan : vos connaissances et la façon avec laquelle vous communiquez. »

On peut augmenter ses compétences :

- en suivant des formations ;
- en s'efforçant de connaître un peu mieux chaque jour ses produits ou services ;
- en se tenant au courant du marché ;
- en faisant des recherches sur Internet ou des lectures pour être mieux renseigné ;
- en se servant de l'Intranet pour un meilleur partage des informations et des savoirs ;
- en offrant de la formation à l'interne sur les produits et services.

Auriez-vous d'autres idées qui permettraient de bonifier la compétence des employés et la vôtre ?

Quatrième attente : la rapidité et l'accessibilité

L'accélération des moyens de communication a rendu les gens moins patients qu'autrefois. Plus personne n'aime attendre. Tout doit être accessible en un temps record !

Mais attention, la rapidité peut parfois être un piège et venir à l'encontre de la qualité. Comme le dit le proverbe italien : « Vite et bien ne vont pas ensemble. » Vous n'êtes pas toujours en mesure de donner, sur-le-champ, les informations qu'un client recherche. Si vous répondez trop vite, vous risquez de diminuer la qualité de votre réponse. Vous pouvez toutefois lui offrir de le rappeler et lui dire à quelle heure vous le ferez.

Si vous avez promis à ce client de le rappeler à quinze heures, faites-le à l'heure dite, même si vous n'avez pas trouvé toutes les informations qu'il attend. Renseignez-le sur la situation et dites-lui à nouveau à quel moment vous allez le rappeler.

On ne peut pas toujours éviter les temps d'attente, mais on peut grandement en atténuer les effets, de là l'importance d'établir des délais réalistes, de les expliquer clairement et de les respecter. On pourra même à l'occasion les devancer et satisfaire encore plus ses clients.

D'ailleurs, ce n'est pas tant l'attente qui blesse le client que le flou qui entoure les délais. On ne sait pas trop quand ça va arriver, quand on va s'occuper de nous, etc. C'est un point important, car la perception du temps d'attente varie beaucoup selon le traitement que l'on reçoit, comme on peut le voir dans le tableau qui suit.

La perception du temps d'attente par le client

L'attente est perçue longue...	L'attente est perçue moins longue...
Inoccupée	Occupée
À durée incertaine	À durée prévue
Inexpliquée	Expliquée
Inéquitable	Équitable
Avant	Pendant
Sous-estimée	Surestimée
Sans mouvement	En mouvement
En ligne droite	En boucle
Sans reconnaissance	Avec reconnaissance

Le temps est précieux pour tout le monde et c'est peut-être le bien le plus recherché de nos jours ! Respectez le temps du client et il vous en sera reconnaissant.

On peut améliorer l'accessibilité et la rapidité de ses services :

- en se dotant d'un excellent service téléphonique ;
- en retournant rapidement ses appels ;
- en répondant rapidement à ses courriels ;
- en prenant des rendez-vous sans délai ;
- en offrant un site Web convivial qui permet l'accès en trois clics aux informations recherchées ;
- en évaluant bien le temps requis pour un travail, en donnant des indications claires à ses clients et en respectant ses engagements ;
- en donnant des échéances réalistes ;
- en fixant toujours des délais ;

- en évitant des formulations imprécises comme «le plus vite possible».

Auriez-vous d'autres idées qui permettraient d'augmenter la rapidité et l'accessibilité dans votre entreprise?

Cinquième attente : la fiabilité, la sécurité et la tangibilité

Les clients s'attendent à ce que l'entreprise soit fiable sur le plan de la qualité de ses produits et services. Ils veulent se sentir à l'abri des dangers potentiels, physiques et financiers. Ils ont besoin de concret, ils ont besoin de voir «de leurs yeux» des signes de qualité et de compétence.

La fiabilité ne concerne toutefois pas uniquement la qualité du produit ou du service. Une entreprise est fiable lorsqu'elle respecte ses promesses. On se doit donc de valider constamment les attentes de ses clients, de s'ajuster, de faire des suivis fiables et d'être à l'affût de tous les événements porteurs de ces attentes.

Si vous avez un retard, avez-vous des procédures pour en aviser le client? Quand on y réfléchit, on se rend compte que la fiabilité englobe à peu près tous les instants de la relation client: avant, pendant et après la transaction d'affaires.

On peut améliorer la fiabilité, la sécurité et la tangibilité de ses services :

- en émettant des factures simples, faciles à comprendre ;
- en offrant une documentation claire et attrayante ;
- en préparant des formulaires faciles à lire (sans petits caractères presque illisibles) ;

- en respectant la confidentialité lorsque le client fournit des renseignements personnels ;

- en donnant un bon service après vente ;

- en faisant une bonne gestion des plaintes ;

- en étant solidaire avec l'entreprise.

Auriez-vous d'autres idées qui permettraient d'augmenter la fiabilité, la sécurité et la tangibilité de votre entreprise ?

Sixième attente : la crédibilité

La crédibilité est composée d'un ensemble d'informations qui permettent à l'entreprise d'aller chercher la confiance du client. La crédibilité, c'est la notoriété, l'historique de l'entreprise, les lettres de référence de ses clients, etc. Il ne faut pas hésiter à faire ressortir ces points-là pendant toute la relation client.

On peut améliorer la crédibilité de son entreprise et susciter la confiance de ses clients :

- en étant honnête dans ses communications ;

- en donnant des références sur son site Internet ;

- en agissant conformément aux attentes que l'on crée ;

- en affichant la mission de l'entreprise.

Auriez-vous d'autres idées qui viendraient bonifier la crédibilité de votre entreprise auprès de vos clients ?

Septième attente : la courtoisie

Bien des livres ont été écrits sur la courtoisie en service client. Il existe même aujourd'hui des écoles de courtoisie. Pourquoi est-ce si important? Parce que la courtoisie est l'une des attentes les plus grandes de nos clients.

La courtoisie a sa place à tous les moments de la relation client. Il s'agit d'une façon facile de démontrer constamment aux gens qu'on a de l'estime pour eux.

De plus, la courtoisie fait plaisir. C'est d'ailleurs cet aspect qui a été retenu par la Société de l'assurance automobile du Québec qui a choisi comme slogan de sa campagne de sécurité routière en 2009 : « La courtoisie, un plus qui fait du bien ! »

> *« On ne perd rien à être poli, sauf sa place dans le métro. »*
> *Tristan Bernard*

On peut améliorer la courtoisie envers ses clients :

- en étant disponible quand le client en a besoin ;
- en regardant le client auquel on s'adresse et en lui souriant ;
- en étant ponctuel ;
- en utilisant tous ces petits mots de courtoisie – bonjour, au plaisir, merci – qui n'ont rien d'anodin ;
- en offrant à tous de la formation sur les règles d'étiquette et de courtoisie.

Auriez-vous d'autres idées qui vous permettraient de mettre en pratique les nombreuses petites règles de courtoisie qui font tant plaisir aux clients ?

Huitième attente : l'appartenance

Le besoin d'appartenance est universel. Tous les êtres humains sont en effet portés à se rapprocher des gens qui leur ressemblent et dont ils partagent les valeurs. Il doit donc y avoir dans l'image véhiculée par l'entreprise certains éléments qui correspondent aux valeurs de ses clients. Ce sont ces ressemblances qui vont créer le sentiment d'appartenance.

On peut augmenter ce sentiment d'appartenance chez ses clients :

- en mettant l'accent sur les aspects distinctifs de son entreprise sur le site Web ;

- en créant un site Web interactif ;

- en prenant des initiatives qui correspondent aux grandes préoccupations de l'heure (par exemple, certaines quincailleries offrent à leurs clients de recycler leurs vieux pots de peinture) ;

- en faisant des gestes qui démontrent les préoccupations environnementales de l'entreprise (par exemple, utiliser du papier recyclé, réduire sa consommation d'énergie, etc.) ;

- en se faisant connaître par la participation à des concours pour l'obtention de prix de qualité (comme le Prix québécois de l'entreprise citoyenne remis chaque année par le magazine *L'actualité*).

Auriez-vous d'autres idées qui permettraient de susciter chez vos clients un sentiment d'appartenance ?

Passer de la sensibilisation à l'action

Vous avez peut-être établi des gestes concrets à faire pour chacune des attentes que nous venons de décrire. Choisissez maintenant ceux sur lesquels vous voulez concentrer vos efforts ; tenez-vous-en à deux ou trois.

Si chaque geste est clairement décrit, vous pourrez facilement faire vos suivis. Chez nous, par exemple, lorsqu'on reçoit un appel, le conseiller en formation note, sur une tablette, le nom de la personne qui téléphone afin de l'appeler par son nom au moins deux fois durant la conversation. Nous avons choisi de faire ce geste pour répondre au premier besoin, celui de plaisir et de reconnaissance.

C'est facile de faire un suivi sur un tel point. Mieux vaut donc limiter le nombre de gestes à faire et les répéter régulièrement. De toute façon. on ne peut pas taper sur tous les clous en même temps !

Il faut être constamment à la recherche de nouveaux points à améliorer, de nouveaux gestes à faire et impliquer les employés dans cette démarche afin qu'elle devienne l'affaire de tous !

Inscrivez maintenant les gestes que vous avez choisi de faire sous forme de plan d'action afin de les reproduire et qu'ils deviennent naturels.

La marge de tolérance des clients

Les grandes attentes que nous venons de voir sont présentes chez tous nos clients, mais leur intensité varie. Chez certains, la courtoisie est l'élément le plus important de la relation; chez d'autres, c'est la compétence des représentants.

Un client qui fait souvent des achats dans un magasin à grande surface ne se formalisera pas si aucun employé ne le reconnaît. Sa réaction sera par contre très différente s'il reçoit le même accueil dans une petite boutique qu'il a fréquentée à quelques reprises. Dans ce dernier cas, sa marge de tolérance sera beaucoup moindre.

Les clients d'une entreprise vendant des IPod s'attendent à ce que ses représentants connaissent parfaitement bien les fonctionnalités de ces appareils et puissent bien les renseigner. Ils seront donc très peu tolérants devant un manque de connaissances. Par contre, ils seront peut-être plus tolérants s'ils doivent attendre pour être servis.

Nous aborderons donc une notion qui est complémentaire aux attentes des clients : leur marge de tolérance.

Les facteurs d'influence

La marge de tolérance des clients fluctue selon deux critères : leur façon de percevoir votre entreprise et le type de clientèle que vous desservez. Ces facteurs vont jouer sur leur niveau de satisfaction.

Il est certain que les attentes des clients sont influencées par leur façon de percevoir l'entreprise (son nom, ses communications, sa réputation, son nombre d'années d'existence, etc.), le produit qu'elle offre (la composition, la forme, le design, le prix, l'emballage, etc.) ou le service qu'elle procure (le contenu, la présentation, la compétence des personnes qui livrent ce service, etc.).

Certains de ces éléments de satisfaction sont tangibles, comme l'accueil au téléphone quand un client a un problème de plomberie ; certains sont intangibles, comme l'idée que le client se fait d'un bon plombier. La satisfaction qu'il retire d'une transaction d'achat est donc subjective, mais la qualité des relations humaines demeure l'élément fondamental.

« Rappelez-vous [toutefois] que les exigences et les attentes des consommateurs en général et de vos propres clients en particulier tendent à s'accroître, et que leur seuil de tolérance à la piètre qualité du service diminue dans les mêmes proportions[6]. »

La satisfaction des clients est aussi influencée par leurs personnalités. Les êtres humains sont différents les uns des autres. Ils n'ont pas tous le même vécu, la même culture, les mêmes antécédents, les mêmes connaissances. De plus, ils ne sont pas tous dans la même situation au même moment. C'est pourquoi un même service ou un même produit pourra être perçu simplement acceptable par un client alors qu'un autre trouvera ce service ou produit exceptionnel.

---

6. Yvan Dubuc, *La passion du client*, Montréal, Éditions Transcontinental inc., Fondation de l'entrepreneurship, 1993, p. 78.

La satisfaction du client résulte d'une comparaison entre le service qu'il reçoit et celui auquel il s'attendait, et ce qu'il s'attendait à recevoir constitue sa marge de tolérance.

Ce qui pourrait s'exprimer ainsi :

Cette réflexion sur la marge de tolérance des clients va nous permettre de bien cibler les zones à surveiller et d'améliorer notre service client en fonction du type d'attente que notre produit ou service suscite et des particularités des clients que nous servons.

> Le secret, c'est de ne jamais faillir dans les zones où la marge de tolérance de nos clients est faible.

Investir là où la marge de tolérance est faible

Desservez-vous une clientèle commerciale ? Vos clients sont-ils plutôt jeunes ? Votre produit s'adresse-t-il principalement à la famille ? Tous ces facteurs ont une influence très grande sur les attentes de vos clients et leur marge de tolérance.

Prenons un exemple pour rendre les choses bien concrètes. Une entreprise de formation comme la mienne peut se permettre d'avoir une boîte vocale et de demander aux clients de laisser un message lorsque, à certains moments, il n'y a pas suffisamment de conseillers en formation pour répondre à tous les appels. La formation n'est pas un achat impulsif, les gens acceptent très bien de laisser un message.

Par contre, ce serait une erreur chez nous d'avoir un système téléphonique qui mettrait les gens en attente. Notre clientèle en est une d'affaires qui n'aime pas attendre et qui préfère de loin laisser un bref message plutôt que de perdre du temps à attendre qu'un conseiller se libère.

La marge de tolérance de nos clients serait par contre nulle si le conseiller au bout du fil ne connaissait pas à fond le contenu de nos formations. Nos clients acceptent sans problème de laisser un message mais lorsqu'ils parlent à quelqu'un, ils veulent un spécialiste. Ce serait donc pour moi une erreur d'investir dans l'ajout de lignes téléphoniques plutôt que d'investir dans la formation de mes conseillers. L'important, c'est d'investir là où la marge de tolérance est faible.

Un jeune client qui se rend dans une boutique de jeux électroniques acceptera sans problème de faire la file pendant un long moment pour se procurer un jeu. Par contre, il accepterait difficilement que le commis qui le reçoit ne puisse pas le renseigner et ne partage pas ses goûts. Ce type de client veut rencontrer quelqu'un qui aime les jeux et qui aime jouer.

En combinant attentes et marge de tolérance des clients, vous pourrez vraiment cibler les aspects du service que vous voulez améliorer et sur lesquels il vaut vraiment la peine de s'attarder. Pour cela, vous devez tenir compte des caractéristiques de vos produits ou services et des particularités de votre clientèle cible.

3

Misez sur la qualité
de vos communications

Les communications
au cœur de la qualité

Dans tout ce qu'on fait en service à la clientèle, il y a une forme de communication, qu'elle soit verbale ou gestuelle. Les communications sont au cœur de la qualité du service client. Ce n'est pas l'entreprise qu'un client rencontre, c'est l'un de ses représentants. Ce n'est pas à l'entreprise que le client serre la main, c'est à la personne qui assure le service client. Ce n'est pas la voix de l'entreprise que le client entend au téléphone, c'est la voix de la personne qui prend les appels.

> « Le client évalue la qualité du service qu'il reçoit en fonction de la qualité du rapport humain que le fournisseur entretient avec lui. »
>
> Yvan Dubuc

Nous verrons maintenant les trois grandes habiletés qui donnent de la qualité aux communications avec nos clients :

- Avoir une excellente capacité d'écoute ;
- Communiquer de façon positive ;
- Connaître et utiliser efficacement le non-verbal.

Je pense que l'acquisition de ces trois habiletés peut conduire à une amélioration notoire de vos relations avec vos clients.

Avoir une excellente capacité d'écoute

On se méprend souvent sur le sens du mot « écouter ». Nous commencerons donc par définir ce que l'écoute n'est pas.

Écouter ne veut pas dire entendre. Si nous nous contentons d'entendre ce que nous dit notre client sans porter attention au sens de ses paroles, nous enlevons à cet échange toute forme de richesse.

Écouter ne veut pas dire obéir. Pourtant, il nous arrive parfois d'associer les deux sens. Ne disons-nous pas d'un enfant désobéissant qu'il « n'écoute pas » ? Si nous confondons les deux sens, nous aurons l'impression de pouvoir dominer notre client en parlant et nous nous sentirons sous sa domination quand nous l'écoutons.

Écouter ne veut pas dire être d'accord. Comme le dit Chenu : « Écouter, c'est recevoir tout ce que dit l'autre. Écouter, c'est comprendre la pensée de l'autre. Mais comprendre ne veut pas dire accepter[7]. »

Nous avons ici un début de définition : écouter, c'est être capable de comprendre la pensée de l'autre. Nous lui ajouterons un second élément : écouter, c'est être capable de réagir, sans laisser nos filtres individuels modifier les informations qui nous parviennent. C'est ce que nous appelons l'écoute active.

---

7. Chenu, cité par Solange Cormier, *La communication et la gestion*, Sainte-Foy, Presses de l'Université du Québec, 2006, p. 64.

L'écoute active, c'est la capacité de se mettre en communication avec l'autre pour comprendre sa pensée et l'interpréter objectivement en évitant tout jugement préalable, tout préjugé pouvant influencer le sens des paroles qu'on entend.

Dans les échanges interpersonnels, l'habileté à comprendre le point de vue de l'autre est beaucoup plus importante que l'habileté à faire valoir son point de vue.

Test sur votre capacité d'écoute

Nous avons souvent l'impression d'avoir une bonne écoute. Ce sont plutôt les autres qui ne nous écoutent pas, n'est-ce pas ? Voici donc un petit test d'évaluation amusant sur notre capacité d'écoute.

Pour chacune des questions qui suivent, attribuez-vous une note de 1 à 10, 10 étant la plus élevée.

1. À combien évaluez-vous votre capacité d'écoute ?

2. À combien votre entourage (famille et travail) évaluerait-il votre capacité d'écoute ?

3. À combien évaluez-vous votre capacité à rester attentif lorsque quelqu'un vous parle ?

4. À combien évaluez-vous votre préoccupation à démontrer votre intérêt lorsque quelqu'un vous parle ?

5. À combien évaluez-vous votre capacité à ne pas interrompre la personne qui vous parle ?

6. À combien évaluez-vous votre capacité à poser des questions pour clarifier les propos de la personne qui vous parle ?

7. À combien évaluez-vous votre capacité à rester maître de vos émotions et à ne pas devenir hostile lorsque vous entendez certains propos qui pourraient vous sembler agressifs?

8. À combien évaluez-vous votre capacité à agir avec empathie en tentant de capter les sentiments et les peurs de votre interlocuteur, sans prendre ses propos de façon personnelle?

9. À combien évaluez-vous votre capacité à mettre de côté vos préjugés (race, classe, religion, etc.) lorsqu'on s'adresse à vous?

10. À combien évaluez-vous votre capacité à ne pas trop présumer des sentiments de votre interlocuteur à partir du ton de sa voix?

Quel pourcentage avez-vous obtenu? Lorsque je donne un séminaire, les gens obtiennent généralement 70 % et plus. Pourtant, selon certaines études, la capacité d'écoute moyenne des gens ne dépasserait pas 35 % !

Tout le monde est plus ou moins convaincu d'avoir une bonne écoute. En ce sens, l'écoute se rapproche peut-être du bon sens dont nous croyons tous être suffisamment dotés. Comme l'a dit Descartes : « Le bon sens est la chose du monde la mieux partagée, car chacun pense en être si bien pourvu que ceux mêmes qui sont les plus difficiles à contenter en toute autre chose n'ont point coutume d'en désirer plus qu'ils en ont. »

On est souvent plus indulgent envers soi-même qu'envers les autres. Je vous suggère donc d'être à l'affût. Vous pourrez ainsi prendre conscience de vos manques d'attention et faire des efforts pour développer votre capacité d'écoute. Le manque d'écoute représente la plus grande difficulté en communication.

Les difficultés inhérentes à l'écoute

Pourquoi est-ce si difficile d'écouter? Parce que l'écoute n'est pas une habileté naturelle. «L'ouïe est un sens que la majorité d'entre nous possèdent à la naissance. L'écoute est une habileté que nous devons développer[8].»

Bernard Werber en a d'ailleurs fait un texte amusant:

«Entre

Ce que je *pense*,

Ce que je *veux dire*,

Ce que je *crois dire*,

Ce que je *dis*,

Ce que vous *avez envie d'entendre*,

Ce que vous *entendez*,

Ce que vous *comprenez*,

Il y a plusieurs possibilités

Qu'on ait des difficultés à communiquer.

Mais essayons quand même.»

En effet, plusieurs facteurs contribuent à rendre l'écoute difficile:

- nos manques de concentration;
- nos connaissances et notre expérience;
- notre état d'esprit du moment;
- nos préjugés.

Nos manques de concentration

Il arrive souvent que nous soyons absents mentalement lorsque quelqu'un nous parle. L'une des principales raisons de ce manque

---

8. Hendrie Weisinger, *L'intelligence émotionnelle au travail*, Montréal, Éditions Transcontinental, 2005, p. 142.

de concentration, c'est la lenteur du débit normal d'un locuteur. Le débit moyen d'une personne qui parle est d'environ 100 à 140 mots à la minute. Or, notre cerveau peut traiter de 400 à 600 mots à la minute. Même si notre interlocuteur parle rapidement, il y aura nécessairement un écart entre sa production de mots et les capacités d'absorption de notre cerveau. Ce dernier reste donc libre de penser « à autre chose qu'à ce qu'il entend » pendant au moins 50 % du temps d'écoute ! La situation est forcément la même chez notre client lorsqu'il nous écoute.

Nos connaissances et notre expérience

Paradoxalement, nos connaissances et notre expérience peuvent nuire à notre capacité d'écoute. Nous connaissons généralement le sujet mieux que le client et nous avons bien souvent eu les mêmes demandes et répondu aux mêmes questions. De ce fait, il est parfois tentant de penser que nous savons d'avance ce que le client va dire et de moins l'écouter.

Notre état d'esprit du moment

Au cours d'une journée, différents facteurs peuvent influencer notre état d'esprit et diminuer notre capacité d'écoute.

- Notre état de santé : nous sommes moins à l'écoute quand nous avons un gros rhume.

- Notre état physique général : à la fin d'une journée ou le lendemain d'une nuit sans sommeil, la fatigue prend vite le dessus.

- Nos cycles biologiques : pour une personne qui est du soir, être attentive à neuf heures du matin peut être un réel défi.

- Nos préoccupations personnelles : les problèmes familiaux ne disparaissent pas pendant que nous sommes au travail.

Nos préjugés

Nos préjugés, c'est notre façon d'interpréter la réalité à partir des informations que nous avons accumulées au cours de notre vie. Ils proviennent des croyances de la société dans laquelle nous vivons, de notre culture, de nos procédés cognitifs et de nos relations avec les autres.

Nous connaissons bien les normes et les habitudes du groupe auquel nous appartenons et auxquelles nous tentons de nous conformer. Nous connaissons malheureusement moins bien celles des autres groupes. C'est la raison pour laquelle nous avons tendance à simplifier à outrance en ne distinguant que deux types de personnes :

- celles qui nous ressemblent et qui possèdent, selon nous, une multitude de caractéristiques particulières, variées et faciles à voir. C'est le « nous » ;
- celles qui ne nous ressemblent pas et que nous avons tendance à voir comme toutes « pareilles ». Ce sont « les autres », les personnes âgées, les adolescents, les policiers, les Américains, les Arabes, etc.

Tout préjugé peut devenir un réel obstacle à l'écoute. Il est donc essentiel de nous ouvrir aux autres, de découvrir leurs caractéristiques particulières, de sentir les filtres que causent nos préjugés, pour être capables d'écouter sans juger. Nos clients sont avant tout des êtres humains et, comme le rappelle le premier article de la déclaration de l'ONU : « Tous les êtres humains appartiennent à la même espèce et proviennent de la même souche. Ils naissent égaux en dignité et en droits et font tous partie intégrante de l'humanité. »

L'écoute, une façon silencieuse de dire : « J'ai du temps pour vous »

Les facteurs que nous venons de voir – nos manques de concentration, notre état d'esprit, nos connaissances, nos préjugés – influencent nécessairement nos attitudes. Écouter demande de l'attention, de la concentration et, surtout, de l'intérêt.

Au départ, nous nous devons de bien écouter nos clients si nous voulons:

- établir un réel contact avec eux;
- connaître leurs besoins;
- suivre l'évolution de leurs goûts;
- désamorcer l'agressivité;
- bien régler les plaintes;
- améliorer nos services ou produits;
- faire sentir à nos clients qu'ils sont importants;
- gagner leur estime;
- les fidéliser.

Nous pourrons ensuite raffiner notre compréhension en posant des questions. Celles-ci vont nous permettre de mieux cibler les besoins du client ainsi que de mieux le connaître. Il se sentira «pris en charge» non seulement en tant que client, mais également en tant qu'individu avec ses besoins particuliers, ses préférences, ses expériences passées, etc.

L'écoute, c'est une façon silencieuse de dire à un client: «J'ai du temps pour vous.» Prendre le temps d'écouter l'autre, c'est lui donner ce que nous avons de plus précieux, notre temps. Seul le temps permet de développer des relations de qualité.

L'écoute, c'est le grand raffinement en service à la clientèle!

Conseils pour développer sa capacité d'écoute

Nous connaissons maintenant les difficultés inhérentes à l'écoute et nous savons jusqu'à quel point il s'agit d'une qualité appréciée des autres et importante pour nous, puisqu'elle nous permet d'interagir efficacement avec les autres, non seulement avec nos clients, mais aussi avec tous les gens que nous côtoyons. Voici donc quelques conseils pour développer votre capacité d'écoute.

- *Acceptez d'y mettre du temps.* Vous n'êtes pas vraiment disponible pour un client quand vous additionnez une colonne de chiffres tout en parlant au téléphone.

- *Concentrez-vous sur ce que dit le client.* Évitez d'avoir la tête ailleurs.

- *Efforcez-vous d'être présent à chaque instant.* Ne pensez pas à votre réponse pour ne pas perdre d'informations.

- *Laissez le client terminer ses phrases sans l'interrompre.* En tant que spécialiste, vous savez probablement de quoi le client va vous parler. Évitez de penser que vous savez d'avance ce que l'autre va dire et prenez le temps de l'écouter.

- *Manifestez votre intérêt.* Regardez l'autre (et non quelque chose de vague au loin). Hochez la tête ou dites des phrases comme : «Je vois», «Je comprends».

- *Soyez actif.* Prenez des notes. Écrivez les mots clés, les principaux points. Notez mentalement quand la situation ne permet pas de prise de notes sur papier, afin de retenir les points à clarifier.

- *Assurez-vous de bien comprendre les propos de votre client.* Reformulez ce qu'il vous a dit. Posez des questions et demandez de clarifier. Résumez en quelques mots et attendez que votre client vous dise : « C'est bien ça. »

- *Oubliez les détails et concentrez-vous sur le fond.* Acceptez que les propos de votre client manquent parfois de clarté ou qu'il se contredise. Ne cherchez pas à démontrer que vous avez raison.

- *Décelez les émotions qui sont derrière les mots.* Sentez le moment où votre client entre dans un état défensif et revenez à l'empathie.

- *Ne laissez pas vos propres émotions prendre le dessus.* Efforcez-vous d'exprimer votre personnalité tout en respectant celle de l'autre. Ne vous laissez pas ébranler ou émouvoir par les sous-entendus. Clarifiez-les au besoin.

- *Méfiez-vous des préjugés et évitez de juger sur les apparences.* Comme le dit le proverbe portugais : «Qui voit les figures ne voit pas les cœurs.»

- *Pratiquez l'empathie.* Écoutez les émotions de l'autre.

- *Prenez plaisir à découvrir et à comprendre des idées différentes des vôtres.*

- *Concentrez-vous sur votre désir de collaboration.* Le client est là pour acheter, vous êtes là pour le guider afin qu'il achète. Vous pouvez donc collaborer, puisque vos objectifs se croisent.

Pour développer vos capacités d'écoute, vous vous devez de porter une attention constante aux propos de l'autre, de penser à écouter à tous les moments d'un échange et de vous entraîner constamment. L'écoute est une habileté qui ne s'acquiert jamais complètement.

Communiquer de façon positive

La communication positive influence directement notre comportement. Les dernières recherches ont en effet démontré que les mots que nous utilisons ont un impact sur notre cerveau. L'emploi de mots positifs nous mettrait dans un état d'esprit plus serein, nous rendrait plus dynamiques et nous motiverait à faire plus d'efforts.

Je vous suggère donc fortement de bannir de votre langage les phrases assassines, les phrases négatives, les «Oui, mais…» et autres conditionnels, car ils ont un effet désastreux non seulement sur le client, mais aussi sur vous-même.

Les phrases assassines

Commençons dès maintenant par un truc infaillible en communication. Pourriez-vous dire ce qu'ont en commun les phrases suivantes?

- Il fallait prendre un numéro!

- Pourquoi n'avez-vous pas téléphoné avant?

- C'est écrit en toutes lettres sur le dépliant. Vous ne l'avez pas lu?

- L'aviez-vous branché?

Elles pourraient toutes se terminer par le mot «imbécile». «Il fallait prendre un numéro, imbécile!» «L'aviez-vous branché, imbécile?» Ces phrases, vous l'aurez compris, n'ont rien de positif. Il y a donc un truc simple que nous vous incitons fortement à mettre en pratique : *rayez de votre vocabulaire toutes les phrases qui pourraient se terminer par « imbécile », soit à cause du ton, soit à cause du choix des mots.*

Combien de gens soignent cet aspect de leurs communications ? Malheureusement, bien peu. Pour vous en convaincre, prenez le temps d'écouter les conversations et les échanges entre les participants à une réunion et notez, en silence, le nombre de fois où quelqu'un dit une phrase au bout de laquelle vous pourriez ajouter « imbécile ». Vous serez surpris ! Faites l'exercice comme un jeu en observant d'abord les autres, puis en vous observant vous-même.

Les phrases négatives

Habituez-vous à faire des phrases à la forme affirmative. Il vaut mieux dire : « Je vais vous faire ça pour demain » que de dire : « Je ne peux pas vous faire ça avant demain. » C'est la même échéance, mais l'effet est complètement différent !

Rayez également le plus possible de votre vocabulaire les phrases impératives. Il vaut mieux dire : « Aimeriez-vous voir d'autres modèles ? » ou « Aimeriez-vous recevoir de la documentation ? » que de dire : « Regardez les autres modèles » ou « Lisez la documentation que je vous fais parvenir ». L'impératif sert généralement à donner des ordres. Cette forme pourrait donc froisser votre interlocuteur, surtout si le ton de votre voix l'est également.

Les phrases imprécises

Un autre point très important : efforcez-vous de quantifier ce qui est quantifiable. C'est tellement facile d'attribuer différentes interprétations à un même fait ! Prenons un exemple. Si une personne vous dit : « Je vous rappelle dans les plus brefs délais », dans combien de temps vous rappellera-t-elle? Dans l'heure qui suit? Dans les 24 heures qui viennent?

En service à la clientèle, comme dans la vie d'ailleurs, il vaut mieux s'habituer à quantifier tout ce qui peut l'être. Ainsi, plutôt que de dire: «Je vous sers très bientôt», il vaut mieux dire: «Je sers tel client et je suis à vous dans cinq minutes.» Plus les informations sont précises, moins elles risquent de susciter des attentes irréalistes chez le client. Croyez-moi, ce simple geste pourrait vous éviter bien des malentendus!

Pour vous en convaincre, nous vous invitons à faire le petit jeu qui suit avec des amis ou des collègues. Récoltez le plus de réponses possible aux questions et compilez-les. Vous serez surpris de voir combien des phrases très simples en apparence peuvent donner lieu à de grandes différences d'interprétation. Amusez-vous!

Exercice: Que signifient pour vous les énoncés suivants?

- Ça fait longtemps que j'attends. *(Combien de temps?)*

- Je veux m'arranger pour avoir un «bon coussin» rendu à ma retraite. *(Quel montant d'argent?)*

- C'est une entreprise qui compte beaucoup d'employés. *(Quel nombre?)*

- Il se sent souvent fatigué. C'est vrai qu'à son âge... *(Quel âge?)*

- C'est une occasion que j'attendais depuis longtemps! *(Depuis combien de temps?)*

- Il fait un froid de canard! *(Quelle température?)*

- Il m'arrive parfois de conduire beaucoup trop vite. *(À quelle vitesse?)*

- C'est un gros budget. *(Combien?)*

- Je me lève quand même tôt les fins de semaine. *(À quelle heure?)*

- Je n'ai pas étudié longtemps. *(Quelle scolarité?)*

- Je travaille loin de chez moi. *(Quelle distance?)*

- Il passe son temps devant la télé. *(Combien d'heures par jour?)*

- Ça fait plusieurs fois que j'appelle. *(Combien de fois?)*

- Ça a pris du temps avant que je reçoive ma commande. *(Combien de temps?)*

- J'ai reçu plusieurs plaintes. *(Combien?)*

Conseils pour communiquer de façon positive

Comme nous venons de le voir, il est essentiel d'éliminer de son vocabulaire les phrases qui pourraient se terminer par «imbécile», d'éviter les phrases négatives et de quantifier ce qui est quantifiable. En le faisant, vous améliorerez grandement vos communications. Voici maintenant quelques conseils additionnels qui vous permettront de communiquer de façon positive avec vos clients.

- *Soignez votre langage.* C'est une question de respect envers vous-même et vos clients. Évitez les termes trop familiers, de même que les termes techniques utilisés seulement à l'interne.

- *Tenez compte de la personnalité de vos clients.* Pour bien communiquer, vous vous devez d'avoir un bon jugement, de discerner à quel genre de client vous vous adressez, ce qu'il cherche à savoir et ce qui le satisferait. Les personnes qui communiquent bien savent s'adapter aux styles des autres.

- *Utilisez le «je», sans en abuser toutefois.* Dans certaines circonstances, le «je» permet de donner de la crédibilité à vos propos. Quand le serveur de votre restaurant vous dit: «Je vous conseille la bavette aujourd'hui» ou quand le préposé de votre quincaillerie vous dit: «Je vous conseille ce modèle-là, j'ai le même chez moi», vous vous sentez déjà en confiance. Vous vous devez toutefois d'employer le «je» avec mesure et de revenir rapidement au «nous» de l'entreprise.

- *Personnalisez la conversation.* Une phrase comme: «Nous pouvons livrer votre sofa lundi. Est-ce que ça vous convient?» est plus plaisante à entendre que: «Les livraisons se font le lundi.» Le client sentira davantage que vous travaillez pour lui et que vous vous associez à ses préoccupations.

En utilisant des phrases positives, personnalisées et claires, nous mettons en place les conditions d'une communication efficace et productive entre nous et les autres.

Connaître et utiliser
efficacement le non-verbal

Les composantes de la communication englobent non seulement les mots, mais aussi tous les comportements qui ont une valeur de message. Un silence peut être plus lourd de sens qu'une longue conversation ! Le non-dit, les omissions, le ton de la voix sont eux aussi porteurs de sens.

D'après Albert Mehrabian, chercheur à l'université de Californie, les mots ne constitueraient que 7 % du contenu d'un message ; l'impact de la voix compterait pour 38 % et celui du langage corporel, pour 55 %. Regardons ensemble ces diverses composantes.

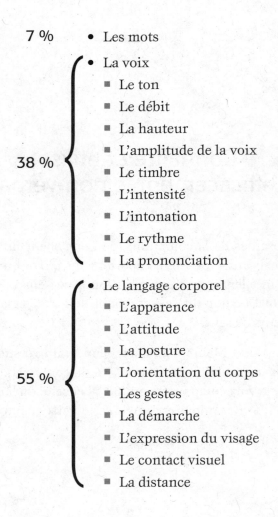

7 % • Les mots

• La voix
  - Le ton
  - Le débit
  - La hauteur
  - L'amplitude de la voix
38 % - Le timbre
  - L'intensité
  - L'intonation
  - Le rythme
  - La prononciation

• Le langage corporel
  - L'apparence
  - L'attitude
  - La posture
  - L'orientation du corps
55 % - Les gestes
  - La démarche
  - L'expression du visage
  - Le contact visuel
  - La distance

Les grands principes à respecter

Le sens des mots d'une langue donnée est facilement vérifiable. Nous n'avons pas tous la même image du mot « table », mais nous en avons tous la même définition et quand nous hésitons sur le sens d'un mot, nous pouvons avoir recours au dictionnaire.

Nous tentons parfois de donner cette même rigueur au langage non verbal, alors qu'il s'agit d'une manifestation de nos pensées propres. On dit, par exemple, de quelqu'un qui se penche en arrière sur sa chaise qu'il fait preuve de confiance. Mais peut-être veut-il simplement changer de posture parce qu'il a mal au dos ? On dit aussi de quelqu'un qui regarde fixement dans le vide qu'il est frustré. C'est possible, mais peut-être est-il simplement préoccupé par un problème personnel qu'il cherche à résoudre dans sa tête ?

Contrairement aux mots qui sont du domaine conscient, les messages véhiculés par le langage non verbal sont inconscients. On les décode en leur donnant un sens, mais celui-ci n'est pas nécessairement basé sur une réalité.

Notre interprétation du non-verbal vient en grande partie de nos expériences passées. Bien des gestes nous rappellent simplement un incident qui nous a marqués autrefois, mais qui est sans lien avec la situation présente. Si votre parent vous disputait sans perdre son sourire, il vous sera difficile de ne pas voir, dans un sourire, une forme de reproche dissimulé. Ce qui vous fera dire : « Il avait un drôle de sourire », alors que personne d'autre que vous ne le remarquera. Si un professeur d'école que vous n'aimiez pas et qui ne vous aimait pas avait l'habitude de marcher de long en large devant la classe, vous verrez dans ces allées et venues un signe d'hostilité. Toutefois, ce comportement pourrait aussi être le signe d'une inquiétude, une sorte de nervosité chez la personne qui est devant vous, sans plus.

Conseils pour bien utiliser le non-verbal

On ne peut pas nier l'existence et l'influence du non-verbal, mais on se doit de l'interpréter avec prudence, car le sens qu'on lui donne est souvent subjectif. Voici donc quelques grands principes à respecter.

Soyez prudent dans l'interprétation que vous faites du langage non verbal de vos clients. Vous vous devez d'être conscient du non-verbal et d'en connaître les significations possibles. Je vous conseille toutefois de ne pas lui attacher plus d'importance qu'il ne le faut. Vous éviterez ainsi d'être trop influencé par le ton de la voix ou par les attitudes de vos clients.

Comme je le disais précédemment, le non-verbal peut être trompeur. Un client qui ne sourit pas n'est pas nécessairement mécontent. Peut-être est-il simplement fatigué? On ne doit donc pas interpréter tous les gestes de ses clients de façon unilatérale. Cela reste d'ailleurs vrai avec toutes les personnes que l'on rencontre ou que l'on côtoie quotidiennement.

Dans le doute, vérifiez. Lorsque le langage non verbal d'un client semble démontrer une attitude négative, il vaut mieux vérifier ses sentiments en lui posant discrètement quelques questions.

On juge souvent trop rapidement et on se bâtit un scénario, sans prendre le temps de vérifier. «J'ai vu tout de suite qu'il était sur la défensive: il a pris un air sérieux et il s'est croisé les bras. Ça ne me servait plus à rien de continuer!»

Si vous croyez que votre client se ferme, vous pouvez dire: «J'ai l'impression que vous hésitez. Ai-je bien répondu à vos questions? Y a-t-il un point qui n'est pas clair?» En utilisant le «je», vous évitez de juger et vous ne remettez pas d'emblée la responsabilité de la situation sur le dos du client. Vous parlez de vous, de vos sentiments.

On peut aussi parler au «je» dans sa tête et se dire: «J'ai l'impression que ce client ne m'écoute pas, il a l'air fermé, indifférent, ai-je raison?» En devenant conscient de ses pensées, on peut relativiser les choses. On se trompe tellement souvent!

Le «je» ne doit toutefois pas servir à exprimer une opinion qui pourrait mettre votre client mal à l'aise. Ce serait en effet maladroit de dire : «J'ai l'impression que vous n'avez pas compris. Est-ce que je me trompe ?» Dans ce cas, comme on le disait précédemment, on pourrait facilement mettre le mot «imbécile» à la fin de la phrase, surtout si le ton de votre voix envoie le même message !

En agissant ainsi, vous parviendrez à ne pas vous laisser influencer trop rapidement par le langage non verbal de vos clients.

Un mode de communication présent dans toutes les sociétés

Après cette mise en garde, prenons quelques instants pour nous familiariser avec le langage non verbal. Voici quelques exemples d'interprétations qui sont fréquentes dans nos sociétés.

- Se toucher le menton est vu comme le signe d'une activité intense de réflexion.

- Placer un pied en arrière de l'autre signifierait un désir de terminer la conversation.

- Détourner la tête est vu comme le signe d'un manque d'intérêt.

Il en existe une multitude d'autres comme en témoigne le tableau qui suit, inspiré des recherches d'Harry Mills sur les signes non verbaux[9].

9.   Harry Mills, *Artful Persuasion*, 2000, p. 52-53, cité par G. Chiron et D. Cottin, p. 6.

Franchise	Agressivité, désaccord	Attitude défensive	Ennui ou indifférence	Facilité d'expression (aisance)	Frustration	Confiance	Nervosité, insécurité
Sourire chaleureux.	Parler fort.	Peu de regards.	Regard fixe, sans expression.	Regard franc.	Regarder fixement dans le vide.	Mains jointes.	Faible poignée de main, mains moites.
Bras décroisés.	Soutenir le regard de l'autre, pupilles contractées.	Corps rigide.	Des yeux qui ne clignent pas.	Se pencher en avant sur sa chaise, les mains sur les cuisses ou sur les genoux.	Passer ses mains dans ses cheveux.	Se pencher en arrière, mains jointes derrière la tête.	S'éclaircir le fond de la gorge continuellement.
Jambes décroisées.	Serrer les poings.	Mains serrées.	Tête dans la paume de main.	Expressions faciales vivantes.	Courtes inspirations et expirations.	Se tenir droit avec les mains jointes derrière le dos.	Éviter le regard de l'autre.
Buste en avant.	Se reculer.	Bras fermement croisés.	Tapoter avec ses doigts ou donner des petits coups de pied.	Debout, la veste ou le veston ouvert, les mains reculées sur les hanches.	Se tordre les mains.	Tête haute.	Rire nerveux, élocution rapide.
Corps détendu.	Froncer les sourcils.	Tête basse.	Poignée de main molle.	Se tenir à proximité de son interlocuteur.	Lèvres fermées.	Jambes étirées.	Tapoter ses doigts sur la table, battre du pied.
Regard direct, pupilles dilatées.	Pointer l'index.	Jambes, chevilles fermement croisées.	Profondes respirations.	S'asseoir sur le bord de la chaise.	Pincer les lèvres.	Être calme physiquement.	Soupirer.
Décontracté, veston retiré (hommes).	Se tenir debout, les mains sur les hanches.		Jambes croisées.	Exprimer son accord.	Mains fermement serrées.	Se pencher en arrière sur sa chaise.	Croiser les bras et les jambes.
	Se déplacer dans l'espace personnel de l'autre.		Distrait.			Regard soutenu.	Tripoter des objets ou des vêtements.

Les particularités

Nous sommes familiers avec les signes non verbaux utilisés par notre groupe social, par la société dans laquelle nous vivons, et nous leur donnons généralement la même signification. Ils ne sont toutefois pas universels.

Chaque société développe en effet ses modèles de comportements. Le cercle zéro fait avec le pouce et l'index signifie c'est bon ou c'est excellent au Canada, aux États-Unis et dans les pays anglo-saxons. Cependant, en France, il veut dire zéro et, au Japon, argent. Le même geste est considéré comme une insulte au Danemark, en Italie, en Grèce, en Afrique du Sud et dans certains pays slaves. Il est vu comme un geste obscène au Brésil, au Guatemala et au Paraguay.

Mieux vaut donc s'efforcer de connaître les principaux signes non verbaux de nos clients assidus pour éviter de semer la confusion ou de créer des malentendus.

> *« Les erreurs commises en affaires proviennent moins de l'incompétence technique et professionnelle que de la méconnaissance des habitudes différentes des nôtres et de l'incapacité de nous y adapter. »*
>
> Louise Masson

Grâce à Internet, on peut facilement trouver des informations sur les us et coutumes de divers pays. On peut également consulter à l'adresse www.agr.gc.ca la publication *Étiquette des rencontres d'affaires en pays étranger – Guide des références* d'Agriculture et Agroalimentaire Canada.

Conseils pour améliorer le non-verbal

Pour donner un service de qualité, il est important de pouvoir détecter les messages que notre client nous envoie et d'être conscients de ceux que nous lui envoyons, car la communication non verbale a cinq fois plus d'impact que la communication verbale.

Il est cependant illusoire de penser que nous pouvons contrôler le non-verbal, puisque celui-ci est une manifestation de nos pensées, pour la plupart inconscientes. Nous pouvons par contre nous améliorer en prenant conscience de certains gestes, en observant les autres et en nous entraînant de façon à donner une image positive de soi.

L'important, c'est d'être honnête et authentique dans ses communications afin de ne pas livrer de message conflictuel. Il ne faut pas qu'il y ait contradiction entre ce que l'on veut démontrer extérieurement et ce que l'on ressent profondément. On doit sentir une concordance entre le langage verbal et le langage non verbal. S'il y a discordance, c'est le message véhiculé par le langage non verbal que l'auditeur retiendra. En d'autres mots, il est important de joindre le geste à la parole !

Voici donc quelques conseils qui vous aideront à améliorer votre langage non verbal.

- *Soignez votre voix.* Un débit régulier, sans trop d'hésitations, avec de courtes pauses, inspire la confiance. Ralentissez votre débit lorsque vous vous adressez à une personne qui n'est pas parfaitement à l'aise en français.

  Habituez-vous à garder un ton de voix modéré, ni trop fort ni trop doux. Entraînez-vous à avoir un ton de voix plus grave si le niveau de fréquence de votre voix est élevé. Évitez de parler d'une voix monotone.

- *Soignez le ton de votre voix.* Saviez-vous qu'un ton descendant fait un très mauvais effet sur les gens? Faites-en l'essai. Dites: «Asseyez-vous» en montant le ton à la fin de la phrase, puis redites-le en descendant le ton. Vous sentirez la différence.

- *Soignez votre apparence.* Ce sont vos vêtements, votre coiffure, votre maquillage et vos accessoires que le client remarquera en premier. D'ailleurs, la première opinion qu'il se fera de vous viendra probablement de votre habillement, bien avant que vous ayez parlé.

Déjà, dans les années 1980, les experts affirmaient que «dans une relation d'affaires, nos interlocuteurs nous jugent en fonction de ce qu'ils voient et que notre apparence peut révéler notre degré d'instruction et d'éducation, le choix de notre cercle d'amis et même notre compte de banque[10]». L'habit ferait-il le moine?

L'apparence vestimentaire est donc très importante. Choisissez des vêtements qui correspondent au milieu social que vous représentez et à votre situation professionnelle. Dans ce domaine, mieux vaut pécher par excès de conservatisme que par excès d'originalité!

- *Adoptez une attitude ouverte.* Si vous êtes assis face à un client, penchez-vous vers l'avant pour lui indiquer votre intérêt et montrer que vous êtes réceptif. De toute façon, si vous vous sentez à l'aise, votre client se sentira à l'aise lui aussi.

- *Surveillez votre posture.* Se tenir droit tout en étant décontracté donne une impression de compétence et de confiance. À l'opposé, se tenir le dos courbé avec les épaules basses donne une

---

10. Ginette Salvas, *L'étiquette en affaires*, Outremont, Éditions Quebecor, 2003, p. 17.

impression de vulnérabilité. Gardez les bras ouverts pour inspirer la confiance.

- *Soignez votre démarche.* Marcher rapidement donne l'impression d'avoir un but précis ; marcher lentement donne l'impression contraire.

- *Soyez conscient que votre client lit aussi sur votre visage.* Vous ne pouvez pas apprendre à contrôler les muscles de votre visage, ou alors très peu. Vous pouvez toutefois apprendre à rester calme et à éviter de vous impatienter trop facilement. Votre visage sera alors plus serein et votre regard plus accueillant.

- *Souriez, car le sourire est un signe d'ouverture et de disponibilité.* Attention, il ne faut pas que ce sourire soit artificiel ! Et n'oubliez pas qu'on sourit aussi avec les yeux et le ton de sa voix.

- *Soyez attentif aux contacts visuels.* Regardez souvent votre client et accompagnez ce geste de hochements de la tête. Vous donnerez l'image d'une personne empathique et courtoise. Vous pouvez regarder votre client dans les yeux, sans trop insister.

- *Respectez les distances socialement acceptées dans le contexte d'une relation d'affaires.* Lorsque nous sommes en présence d'autres personnes, nous avons tous le réflexe de nous construire une sorte de bulle qui délimite notre espace et dont les autres sont exclus. À l'intérieur de cette bulle, les contacts ne sont pas permis. Il n'y a qu'à observer des gens dans un ascenseur pour voir à l'œuvre cet aspect du langage non verbal.

Dans son étude sur l'utilisation de l'espace en situation de communication, Edward T. Hall[11] distingue quatre types de distance : la distance intime, la distance personnelle, la distance sociale et la distance publique.

La distance qui convient aux relations d'affaires, c'est la distance sociale. Elle se situe entre 1,22 m et 2,13 m pour les discussions

---

11. Edward Twichell Hall, *La dimension cachée*, Paris, Éditions Le Seuil, 1971.

d'affaires et entre 2,13 m et 3,66 m pour les entrevues et les réunions qui se tiennent autour d'une table ou de chaque côté d'un bureau. Vous vous devez de ne jamais dépasser les limites de la zone sociale de votre client.

> **Et, surtout, soyez conscient des signes que vous envoie votre interlocuteur, mais soyez prudent dans l'interprétation que vous en faites.**

Le non-verbal dans les relations d'affaires

Chiron et Cottin[12] ont étudié l'impact de la communication non verbale sur les relations d'affaires ; voici leur synthèse.

	Compétence	Crédibilité	Sympathie	Courtoisie	Confiance	Empathie
Sourire.			X	X		
Signes de tête.				X	X	X
Regards fréquents.		X	X			
Rythme de discours lent, intonations basses, temps des pauses modéré, peu d'inflexions dans la voix.		X	X			
Débit rapide, intonations hautes, intensité vocale haute, inflexions fréquentes.	X					

Si vous voulez montrer vos compétences, augmenter votre crédibilité, manifester de la sympathie, pratiquer la courtoisie et l'empathie, ou attirer la confiance de votre client, servez-vous de ce petit

---

12. G. Chiron et D. Cottin, *Body Language : l'impact de la communication non verbale sur la relation commerciale*, Paris, Études DCMG, p. 5.

aide-mémoire pour intégrer, dans votre comportement non verbal, les gestes qui renvoient ces images.

4

Respectez les règles de l'étiquette

Des outils simples
et faciles à utiliser

L'étiquette désigne un ensemble de règles assez précises qui gouvernent les rapports entre les gens. C'est une forme de savoir-vivre qui englobe à la fois le respect de l'autre, la politesse et la courtoisie.

Il y a des conventions, et nous nous devons de les respecter. Lorsqu'une personne nous demande : «Comment allez-vous?», l'usage veut que nous nous informions aussi en répondant par exemple : «Très bien, merci. Et vous?» Pour certaines personnes, ne pas recevoir la même demande en retour peut être très désarmant.

Il existe bien d'autres exemples de manquements à l'étiquette. Saluer un bon client et ne nous adresser qu'à lui alors qu'il est venu avec sa compagne, lire un courriel sur notre cellulaire pendant une rencontre, tous les manquements aux règles de politesse et de courtoisie sont comme des petits grains de sable qui s'infiltrent dans nos rapports avec les autres et viennent gêner les rouages de nos relations sociales et professionnelles.

Nous parlerons donc ici des règles qui contribuent à améliorer notre service lorsque le client entre en contact avec l'entreprise :

• À l'accueil : comment donner une image professionnelle à l'accueil et comment recevoir un client mécontent.

• Au téléphone : comment donner une image professionnelle au téléphone, comment gérer sa boîte vocale et comment répondre à une plainte par téléphone.

• Avec le courriel : comment bien rédiger ses courriels (ce qu'on appelle la nétiquette) et comment répondre à une plainte par courriel.

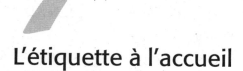

L'étiquette à l'accueil

Tous les clients sont sensibles aux premiers contacts qu'ils ont avec l'entreprise. Gardez en mémoire que ce que le client recherche, ce n'est pas le produit lui-même, puisqu'il en existe plusieurs identiques ou similaires sur le marché. Ce qu'il recherche d'abord, c'est la qualité des relations humaines.

Voici donc quelques règles de courtoisie qui vous aideront à bien accueillir vos clients. Il s'agit de règles de base, comme dire bonjour, reconnaître ses clients, ne pas répondre à son cellulaire en présence d'un client, etc. Et tous ces «petits riens» font souvent une «grosse» différence !

> *« La vie est courte, mais elle nous laisse toujours*
> *du temps pour la courtoisie. »*
> *Ralph Waldo Emerson*

Conseils pour créer une image professionnelle à l'accueil

- *Considérez votre client comme de la grande visite.* Allez à sa rencontre et dites-lui: «Bonjour, comment allez-vous?» Les premières minutes de l'arrivée d'un client comptent beaucoup.

- *Accueillez-le avec le sourire.* C'est par celui-ci que vous lui laissez savoir qu'il est le bienvenu.

- *Soyez là pour lui et avec lui.* Si vous ne pouvez pas aller vers votre client, montrez-lui du regard que vous l'avez vu. Dès que vous êtes libre, rejoignez-le et accompagnez-le. Ne le laissez pas se débrouiller seul.

  Ne faites pas mention de vos contraintes et obligations. Évitez les phrases du genre : « J'étais sur le point de prendre ma pause café » ou « Je dois fermer ma caisse dans cinq minutes », etc.

  Évitez certains gestes comme regarder votre montre pendant que vous servez un client. Nous nous sentons parfois débordés, pressés d'en finir avec toutes les petites tâches qu'il nous reste à faire. Mais votre principale tâche n'est-elle pas de servir vos clients ?

- *Efforcez-vous de reconnaître les visages de vos clients.* Nous n'avons pas tous la mémoire des noms, mais nous souvenir d'un visage, c'est à la portée de tous. Or, reconnaître un client qui est déjà venu, c'est la meilleure façon de lui faire plaisir !

- *Efforcez-vous de vous souvenir des noms de famille de vos principaux clients.* Prenez le temps de lire le nom du client quand il paye avec une carte de crédit et remerciez-le en le nommant par son nom.

- *Prenez soin des détails (offrir une chaise, un café, tenir une porte, etc.).* Évitez de manger ou de mâcher de la gomme quand vous servez un client.

- *Évitez l'usage du cellulaire quand vous êtes en présence d'un client.* Si vous attendez un appel important, mettez votre appareil en mode vibration. Sinon, éteignez-le.

- *Utilisez le « vous » plutôt que le « tu »,* particulièrement avec les gens que vous ne connaissez pas ou qui sont plus âgés que vous. Le « vous » signifie simplement que la relation n'est pas personnelle. Attendez d'avoir la permission de votre client avant de le tutoyer. Toutefois, lorsque c'est le client qui vous le demande, empressez-vous d'accepter.

- *Choisissez bien vos sujets de conversation.* Il vaut mieux éviter de parler de politique ou de religion. Les histoires sexistes ou racistes sont à bannir. Attention aux conversations entre collègues. Évitez de parler de problèmes internes ou de critiquer l'entreprise.

- *Soignez votre apparence, votre tenue vestimentaire, votre démarche et vos gestes.* Soyez attentif à ce que votre non-verbal peut communiquer. Évitez les odeurs déplaisantes. Surveillez votre haleine, portez des parfums doux.

- Servez tous les clients de la même façon, sans vous laisser influencer par leur apparence.

- *Remerciez vos clients quand ils quittent votre établissement.* Si le client est satisfait et qu'il vous remercie, vous pouvez répondre: «Je vous en prie» ou «Il n'y a pas de quoi». («C'est mon plaisir» est un anglicisme.)

L'étiquette au téléphone

Le téléphone est un point de contact extrêmement important entre le client et votre entreprise. Voici donc une liste de conseils pour vous aider à créer une image professionnelle au téléphone.

Conseils pour bien répondre au téléphone

- Ce sont les 15 premières et les 15 dernières secondes qui se remarquent le plus! *Répondez idéalement à la deuxième sonnerie. Nommez-vous ou nommez l'entreprise.* Faites en sorte que le client sache bien qu'il est au bon endroit.

- *Notez le nom du client dès qu'il le mentionne et réutilisez-le quelques fois pendant la conversation*, ce qui vous permet de personnaliser l'appel. Des études ont démontré que «lorsque vous appelez une personne par son nom ou par son prénom, elle vous accorde une attention plus grande pendant les 15 à 20 secondes suivantes[13]». Toutefois, ne le faites pas trop souvent, car cela ne semblera pas naturel.

  Si le client ne se nomme pas, demandez-lui poliment son nom. Dites: «Puis-je vous demander votre nom» plutôt que: «Vous êtes monsieur...?» Si vous avez de la difficulté à comprendre le nom du client (c'est souvent le cas avec les noms étrangers),

---

13. *Le téléphone plaisir*, PR◇RH DIRECT, 1998, p. 7.

demandez gentiment à votre client de l'épeler, essayez de bien le prononcer et nommez-le une ou deux fois durant la conversation.

- *Pensez à sourire.* Le sourire s'entend au téléphone. « Soyez physique, même au téléphone : vos gestes et vos expressions, même non directement visibles par votre interlocuteur, dynamisent vos propos et le ton de votre voix[14]. »

- *Cessez toute autre activité pour vous concentrer sur l'appel.* Le téléphone est une activité en soi.

- *Assurez-vous d'avoir du papier et un crayon à portée de la main pour prendre des notes.* Il en va de même des formulaires, des listes de prix, tout ce dont vous avez besoin pour répondre aux demandes courantes de vos clients.

- *Évitez les bruits désagréables.* On oublie trop souvent que l'appareil téléphonique amplifie les bruits. Évitez de manger, de mâcher de la gomme, de froisser vos feuilles, ça s'entend très clairement au téléphone. La présence de bruits environnants trop élevés (voix, musique) peut également ennuyer votre interlocuteur.

- *Soyez clair et précis dans vos réponses.* Pour le client, le téléphone, c'est un moyen de gagner du temps. Évitez d'utiliser des termes techniques ou un jargon qui n'est compris qu'à l'interne. Allez droit au but lorsqu'on vous pose des questions.

  Lorsque vous donnez des informations qui comportent des chiffres (un numéro de référence, par exemple), parlez plus lentement et, au besoin, répétez les chiffres ou demandez à votre client de les répéter pour vous assurer qu'il a bien reçu l'information. Faites de même lorsque le client vous donne des informations contenant des chiffres. Répétez-les pour vous assurer d'avoir bien compris.

---

14. *Le téléphone plaisir*, PR◇RH DIRECT, 1998, p. 5.

- *Ne laissez jamais un client en attente plus de 30 secondes au début d'un appel.* Si, par la suite, vous lui demandez d'attendre pendant que vous cherchez une information, revenez lui parler régulièrement en vous excusant chaque fois pour le temps d'attente.

  Si vous devez mettre un client en attente, prenez le temps de lui expliquer ce que vous allez faire et de l'informer du temps d'attente. Si vous devez faire patienter votre client plus d'une minute, offrez-lui de le rappeler.

- *Ne prenez pas d'autre appel lorsque vous avez déjà un client au bout du fil.* C'est une question d'éthique.

- *Utilisez les bonnes formules de politesse:* «Un instant, s'il vous plaît» ou «Un moment, je vous prie», et non «Restez en ligne». Évitez les formules décevantes pour le client telles que: «Il n'est pas encore revenu de son lunch», «Je ne sais pas où il est», etc.

- *Respectez la confidentialité.* N'utilisez jamais la fonction mains libres sans avoir au préalable demandé la permission à la personne qui vous téléphone. Un appel, c'est confidentiel. De plus, la réception de votre voix est beaucoup moins bonne.

- *À la fin d'un appel, remerciez votre client et ajoutez quelques mots de politesse* tels que: «Bonne fin de journée», «À bientôt», etc.

- *Ne raccrochez pas le premier.* En agissant ainsi, vous serez assuré que la demande du client a été traitée jusqu'au bout!

Conseils pour passer un appel à quelqu'un d'autre

Pour passer un appel à une autre personne, la règle est simple: ne jamais en faire plus d'un. Le client doit pouvoir parler à la bonne personne ou à quelqu'un d'autre pouvant l'aider dans un délai raisonnable.

Si la personne que le client cherche à joindre est déjà au téléphone, offrez-lui le choix entre attendre ou laisser un message. Dites simplement : « M. Untel est au téléphone. Préférez-vous attendre ou rappeler plus tard ? », ou encore « Préférez-vous attendre ou laisser un message pour qu'il vous rappelle ? ».

Ne transmettez pas l'appel à une boîte vocale sans en avertir le client. Dites plutôt : « M. Untel est absent. Aimeriez-vous laisser un message dans sa boîte vocale ? » C'est très désagréable pour le client de penser qu'il a la communication et de tomber sur un répondeur !

Si vous mettez le client en communication avec une autre personne, ne demandez pas : « C'est à quel sujet ? » Cette façon de procéder déplaît à beaucoup de clients.

Pour éviter de couper la fin d'une phrase de votre client, comptez mentalement : « Un, deux » avant d'appuyer sur le bouton pour passer l'appel à une autre personne.

Conseils pour faire prendre ses appels

Si vous devez faire prendre vos appels, précisez quelles sont les plages de temps pendant lesquelles vous ne serez pas disponible et fournissez cet horaire à la personne chargée de prendre vos appels.

Préparez également, à l'intention de cette personne, la liste des gens auxquels vous devrez absolument répondre durant ce temps et qui pourront donc franchir la « barrière » (un associé, un client, un proche, etc.).

Lorsqu'il y a un appel pour vous et que vous n'êtes pas disponible, la personne responsable de prendre vos appels doit dire que vous n'êtes pas disponible avant de demander le nom de la personne qui appelle et d'offrir de prendre le message. (Quand on inverse l'ordre, les gens ont souvent l'impression qu'on est peut-être là, mais pas disponible « pour eux ».)

S'il s'agit d'une personne qui figure sur votre liste d'exception, la personne chargée de prendre vos appels pourra alors vous passer la communication en utilisant des formules comme : « Un instant, je vais voir s'il peut se libérer. » C'est une façon polie de gérer ce type de situation sans froisser vos clients et sans faire d'erreurs.

Préparez également à son intention une liste des cas d'exceptions, c'est-à-dire des situations qui nécessitent une intervention immédiate de votre part. La personne chargée de prendre vos appels pourra donc juger de l'importance de la situation et venir vous en aviser, le cas échéant. Toutefois, vous devez d'abord lui avoir fait part des exceptions.

Informez la personne qui prend vos appels de vos allées et venues et faites en sorte qu'il soit possible de vous joindre en cas d'urgence.

N'oubliez pas d'informer votre entourage lorsque vous êtes de retour !

Prenez l'habitude d'être très fiable quand vous rappelez un client, si possible dans les quatre heures suivant votre absence.

Conseils pour bien utiliser sa boîte vocale

- *Préparez des messages d'accueil concis et complets.* Commencez par les salutations d'usage, votre nom, la date. Puis, donnez un bref aperçu de votre emploi du temps et dites à quel moment vous allez rappeler vos clients.

- *Souriez en enregistrant votre message.*

- *Donnez la date dès le début de votre message* afin que les personnes qui téléphonent sachent que c'est un enregistrement récent. Ainsi, la majorité d'entre elles écouteront votre message jusqu'à la fin.

Vous pouvez terminer votre message en donnant les coordonnées d'une personne à joindre pendant votre absence. Dans ce cas, utilisez la formule : « Pour une aide immédiate, … » au lieu de : « Si votre appel est urgent, … ». Cela permettra à la personne vers laquelle vous dirigez vos appels de traiter ceux-ci selon leur niveau d'importance ou d'urgence réel.

Si vous désirez recevoir des messages complets, employez : « Pour que je puisse vous rappeler plus efficacement, n'hésitez pas à me laisser un message détaillé », ou une variante de cette formulation.

- *Écoutez fréquemment les messages laissés dans votre boîte vocale et rappelez les gens rapidement.*

- *Lorsque c'est vous qui laissez un message dans une boîte vocale, indiquez bien la raison de votre appel, donnez votre nom et tous les renseignements utiles.* Terminez par votre numéro de téléphone et ralentissez votre débit pour que votre interlocuteur ait le temps de le noter.

Conseils pour bien répondre à une plainte par téléphone

Bien gérer une plainte par téléphone est d'autant plus difficile que nous n'avons que la voix pour nous aider à décoder les sentiments du client. Tout le non-verbal nous échappe et nous savons qu'il représente une partie importante du message ! Voici donc ce que nous vous suggérons de faire dans ces circonstances.

- *Commencez par remercier le client de son appel.*

- *Nommez-vous, dites votre fonction* et indiquez au client que vous l'écoutez.

- *Notez le nom du client et appelez-le par son nom.*

- *Écoutez votre client.*

- *Évitez le plus possible de l'interrompre ou de le mettre en attente.* Ne transmettez jamais un appel dans une boîte vocale lorsqu'il s'agit d'une plainte. Prenez vous-même tous les renseignements.

  N'oubliez pas, si vous faites des pauses, d'indiquer au client ce que vous faites. Par exemple : «Je suis en train de prendre des notes, mais je suis avec vous. »

- *Montrez de la compréhension* en disant : «Je vois, je comprends, je suis désolé. »

- *Reconnaissez les ennuis causés par le problème.*

- *Parlez d'une façon plus calme et plus posée qu'à l'ordinaire.* Baissez encore le ton de votre voix si le client s'emporte, sans exagérer cependant, à peine un ton en dessous du sien.

- *Posez des questions précises* quand le client a fini d'exposer ses griefs.

- *Indiquez-lui ce que vous allez faire.*

- *N'attendez pas d'avoir toutes les réponses pour rappeler.* Si vous ne pouvez pas régler le problème sur-le-champ, promettez-lui de le rappeler et faites-le le plus rapidement possible.

- *Ne faites pas de promesses pour les autres,* comme : «M. Untel va vous rappeler sans faute», à moins que cela ne fasse partie du processus. Si c'est le cas, indiquez alors quels seront les délais.

- *Ne soyez jamais le premier à raccrocher* et essayez autant que faire se peut de terminer sur une note positive !

***

Comme nous venons de le voir, l'étiquette au téléphone comporte de nombreuses règles qu'il est important d'observer. Le téléphone, c'est l'image de votre entreprise. Comme le disent Benoît Paquin et Normand Turgeon : «Si vous croyez que le téléphone dans votre organisation n'est qu'un accessoire, détrompez-vous. Un appel téléphonique est un contact privilégié qui a le pouvoir de renforcer l'image de l'organisation[15]. »

---

15. Benoît Paquin et Normand Turgeon, *Les entreprises de services, une approche client gagnante*, Montréal, Éditions Transcontinental inc., 1998, p. 259.

La nétiquette

Le courriel doit refléter avantageusement l'image de l'entreprise. Il doit donc se conformer aux nombreuses règles d'étiquette qui se sont imposées à mesure que la popularité de ce mode de communication augmentait. On nomme souvent ces règles la «nétiquette».

Conseils pour s'assurer de la qualité de ses courriels

Le courriel permet d'utiliser un style simple, parfois télégraphique, et d'aller rapidement à l'essentiel. Toutefois…

- *N'oubliez pas les mots de courtoisie usuels* comme «S'il vous plaît», «Merci», etc. Terminez vos messages avec des mots tels que: «Je vous remercie à l'avance de…», «Meilleures salutations», «Salutations distinguées», «Bonne lecture», «Au plaisir», etc.

- *Choisissez vos mots et faites attention aux fautes de frappe.*

- *Si vous voulez souligner un point, utilisez l'italique, le souligné ou le gras.* Évitez d'écrire un courriel en majuscules, ce qui est un signe de colère et équivaut à hurler son message.

- *Utilisez l'humour avec précaution.* Les binettes pour exprimer des émotions (*emoticons, smiley faces*) ne conviennent pas aux échanges avec les clients. Par contre, elles peuvent avoir leur place, entre collègues.

Votre signature doit contenir certaines informations comme votre nom, votre titre, le nom de l'entreprise, votre adresse de courriel. Vous pouvez également ajouter l'adresse du site Web de l'entreprise.

Si le message que vous envoyez est court, votre signature ne devrait pas avoir plus de quatre lignes. (Avec Outlook, vous pouvez modifier votre signature en un clic et y joindre aussi une carte de visite virtuelle facile à créer.)

- *À l'occasion, personnalisez vos courriels en ajoutant une citation inspirante.*

- *Évitez de faire parvenir des copies conformes (c. c.) à tous.* Ne le faites que pour les gens réellement concernés.

- *Évitez d'utiliser la fonction « Demander un accusé de réception »* ou « Demander un accusé de lecture », car cette habitude froisse la plupart des gens.

- *Évitez d'employer le courriel pour faire une critique ou pour annoncer une mauvaise nouvelle.* Les communications orales sont nettement préférables dans ces cas. Il vous sera plus facile de gérer vos émotions et de comprendre celles de votre interlocuteur. Le téléphone ou une rencontre sont parfois beaucoup plus appropriés que le courriel.

Conseils pour bien répondre au courriel d'un client mécontent

Lorsqu'on répond au courriel d'un client qui porte plainte, on doit redoubler de prudence. Pour ce faire, assurez-vous de respecter les règles d'étiquette que nous venons de voir et mettez en pratique les conseils qui suivent.

- *Préparez très soigneusement votre réponse et imprimez-la pour la relire.* Un texte écrit donne une impression différente et plus juste.

- *Parlez des faits et non de vos émotions* ou de celles de la personne qui vous a fait parvenir ce courriel.

- *Utilisez des mots pour montrer votre empathie:* «Je vous comprends», «Je suis désolé», «Je vous remercie de nous en avoir informés», etc.

- *Proposez des solutions s'il y en a.*

- *Remerciez votre client* d'avoir pris la peine de vous informer de la situation.

- *Assurez-vous que votre signature comprend votre nom, votre titre, le nom de l'entreprise et votre numéro de téléphone.*

- Important: *avant d'envoyer votre courriel, téléphonez à votre client.*

S'il est là, dites-lui simplement que vous avez pris connaissance de son courriel. Ajoutez qu'il vous a semblé préférable de prendre un peu de temps avec lui pour parler de la situation, afin d'éviter tout malentendu et d'être certain de bien comprendre sa demande. Il ne faut pas oublier que le courriel est un moyen de communication unidirectionnel. De ce fait, il est moins adéquat dans les situations potentiellement conflictuelles.

Si le client n'est pas là au moment où vous lui téléphonez, laissez-lui un message en lui disant que vous allez lui envoyer un courriel et qu'il n'hésite pas à vous téléphoner.

Dans les cas de plaintes, téléphonez au client *en plus* de lui envoyer un courriel. Vous obtiendrez ainsi le meilleur des deux mondes. Bien des questions se règlent mieux par téléphone, et le courriel vous permet de conserver les détails de la réponse.

***

Le respect des règles de l'étiquette est essentiel à la qualité du service à la clientèle. Les maîtriser, c'est se donner des outils faciles à utiliser pour réussir sa relation client. C'est simple et ça marche !

Comme l'écrit Ginette Salvas[16] : «Si vous évoluez dans le milieu des affaires, le savoir-vivre est *votre carte la plus précieuse*[17]. Que nous parlions de tact, de politesse, de bonnes manières ou de savoir-vivre, tous ces mots servent à définir le mot "étiquette".»

Voyons maintenant comment gérer la satisfaction de nos clients.

---

16. Ginette Salvas, *L'étiquette en affaires*, Outremont, Éditions Quebecor, 2003, p. 14.
17. C'est nous qui soulignons.

5

Changez votre perception des plaintes

Un point de vue plus dynamique

On associe généralement une plainte à une erreur commise par l'entreprise. Pour ma part, je trouve cette conception trop limitative. Est-ce qu'on ne pourrait pas tout simplement dire qu'il s'agit d'une insatisfaction quelconque et non d'une erreur? Partant de là, nous pourrions parler de gestion de la satisfaction des clients et non plus de gestion des plaintes. Il me semble que ce point de vue est plus dynamique, plus constructif.

Voyons maintenant comment l'appliquer en partant d'un exemple concret. Un de mes clients me demandait récemment comment faire la gestion des plaintes dans son entreprise. Je lui ai alors demandé : «Est-ce que vous voulez savoir comment accueillir les plaintes sans être trop émotif ou plutôt comment mettre en place un système de règlement des plaintes?»

Quand j'entends le mot «gestion», je pense nécessairement à des processus internes, c'est-à-dire à un ensemble d'actions successives, bien définies par l'entreprise, pour parvenir au règlement des différentes plaintes qu'elle reçoit. Toutefos, gérer les plaintes peut aussi vouloir dire acquérir certaines méthodes d'interaction pour être en mesure d'accueillir une plainte et de faire face à un client mécontent ou même agressif, sans que toute la journée de la personne responsable du service client soit gâchée.

Il y a une grande différence entre mécanismes de gestion et émotions. Certaines personnes, par exemple, ont pour unique tâche d'accueillir par téléphone les plaintes des usagers d'un service. Il va de soi que leur principal besoin ne sera pas de développer des processus de gestion. Elles ont simplement besoin de savoir comment réagir, comment poursuivre le dialogue avec les clients insatisfaits.

On sait qu'au Québec les clients insatisfaits ne se plaignent pas : 96 % d'entre eux préfèrent changer de fournisseur. Comme le dit Philippe

Bloch[18] : « Rappelez-vous que vos clients parlent avec leurs pieds ; quand ils ne sont pas satisfaits, ils vont ailleurs. »

Si les Québécois ont de la difficulté à porter plainte, on peut facilement imaginer qu'ils ont également beaucoup de difficulté à en recevoir ! C'est sans doute ce qui fait que nous sommes de très mauvais gestionnaires des plaintes.

Nous pouvons toutefois changer notre vision des choses et considérer les plaintes comme des occasions de découvrir nos faiblesses et de nous améliorer. Nous pouvons aussi y voir une occasion de faire plaisir à nos clients, car un client qui se plaint, c'est un client qui nous fait confiance. Sinon, il se contenterait de nous tourner le dos et de ne plus revenir.

Nous aborderons donc ici la question des plaintes sous deux aspects : premièrement, comment accueillir les plaintes sans prendre sur soi le fardeau des émotions de l'autre ; deuxièmement, comment établir des processus dans notre entreprise pour atteindre ce que j'appelle la gestion de la satisfaction.

---

18. Cofondateur et ancien dirigeant de *Colombus Café*, Philippe Bloch est un créateur d'entreprises.

Accueillir les plaintes qu'on reçoit

Les gens qui portent plainte vivent généralement des émotions intenses. Ils sont déçus, tendus et dans de mauvaises dispositions par rapport à l'entreprise. Souvent, ils sont nerveux, car ils ne s'attendent pas à recevoir nécessairement satisfaction, du moins pas sans se battre. Voici donc les étapes à suivre pour maintenir le dialogue.

Conseils pour bien réagir lorsqu'on reçoit une plainte

Accueillez l'émotion du client. C'est la règle de base, celle qui permet de maintenir le dialogue malgré les difficultés. Comme nous l'avons dit bien souvent depuis le début de ce livre, nous devons d'abord veiller à ne pas bloquer cette émotion. Par la suite, nous pourrons plus facilement trouver un terrain d'entente.

- *Laissez le client s'exprimer sans l'interrompre.* Nous savons tous que ça fait un bon effet quand quelqu'un nous laisse parler et qu'il nous écoute. Même les grosses plaintes ont tendance à se dégonfler comme un ballon quand nous prenons simplement la peine de laisser le client se vider le cœur.

- *Gardez votre calme, ne vous laissez pas emporter dans la spirale de colère de votre client.* Respirez plus à fond, détendez votre visage, desserrez les dents. Vous pouvez influencer votre client par votre attitude. Parlez d'une façon plus calme et plus posée qu'à l'ordinaire. Baissez votre voix d'un demi-ton, jamais plus. Un trop grand écart pourrait sembler insultant.

- *Manifestez votre empathie.* Utilisez des phrases comme «Je vois», «Je comprends», «Je suis désolé». Le fait de montrer de l'empathie permet souvent de rétablir un certain niveau de confiance. Et quand la confiance augmente, l'agressivité diminue.

- *Posez des questions précises* quand le client a fini d'exposer ses griefs, afin de bien cerner la nature du problème. Quand un client est stressé, les informations qu'il donne arrivent pêle-mêle, et il exagère *souvent* parce qu'il veut vraiment prouver qu'il a raison. Mieux vaut donc vérifier pour s'assurer d'avoir une image claire de la situation.

- *Soignez particulièrement votre langage.* À ce sujet, permettez-moi de vous donner quelques conseils. Lorsque vous vous adressez à un client qui porte plainte, assurez-vous d'éviter:
  - de blâmer le client en utilisant des phrases comme: «Vous auriez dû faire...», «C'était à vous de...», etc.;
  - certains irritants comme: «C'est un problème normal, ça.» Un problème n'est jamais normal!;
  - les ordres. Au lieu de dire: «Vous allez devoir faire telle chose», dites plutôt: «Dans un cas semblable, on demande à nos clients de...»

On ne peut pas ignorer l'effet que produisent les phrases négatives sur nous et sur les autres. Dans le tableau qui suit, vous trouverez une liste d'exemples qui illustrent le fait que tout peut être dit de façon positive, *et se doit de l'être*, surtout dans des cas de conflits potentiels comme lorsqu'il s'agit de régler une plainte.

Plutôt que de dire...	Il vaut mieux dire...
Oui, mais...	Oui, bien entendu...
Cela est impossible!	Je vous propose...
Je ne sais pas.	Je me renseigne...
Je ne suis pas au courant.	De quoi s'agit-il?
Ne vous fâchez pas!	Je comprends que ça vous ennuie.
Je m'excuse.	Je suis désolé.
Vous avez tort de penser que...	Je comprends, je vois.
Quel est votre problème?	Je vous écoute.
Je sais que cette procédure n'a pas de sens, mais ce n'est pas moi qui l'ai inventée!	C'est une procédure standard. On va tenter d'y voir clair.
Ce n'est pas ma faute.	Je comprends.
Vous devez....	(Ne pas employer le mode impératif.)
Avez-vous compris?	Ai-je bien répondu à vos questions?
Je ne peux rien faire.	J'aimerais pouvoir vous aider.
On n'a pas que vous comme client!	(À éviter tout simplement!)
Laissez-moi parler!	Si vous me permettez de poursuivre...
Vous êtes le premier à vous en plaindre.	Merci, j'en prends bonne note.
Je vous téléphone à propos de votre plainte.	(Question, demande, situation.)

- *Montrez votre volonté d'aider votre client.* On a souvent besoin de temps pour régler un problème. Or, un client insatisfait aimerait bien que le problème se règle rapidement. L'attente nécessaire pour en arriver à un règlement lui semblera moins longue si vous lui indiquez quelles seront les prochaines étapes en lui disant, par exemple: «Je vais en informer telle personne», «Je vais vérifier auprès de nos fournisseurs», etc.

Le client ne sait pas les efforts qu'on fait, à l'intérieur d'une entreprise, pour lui donner satisfaction. Il est donc nécessaire de l'en informer pour qu'il sente que nous faisons tout en notre pouvoir pour le satisfaire.

- *Informez votre client régulièrement.* Ce n'est pas nécessaire d'attendre d'avoir toutes les informations pour le rappeler. Vous pouvez lui dire: «Je n'ai pas encore reçu la réponse, mais on continue à travailler sur votre dossier.» Le simple fait d'entrer en contact avec le client lui prouve que ses intérêts vous tiennent à cœur.

Le plus important à cette étape-ci est d'indiquer au client à quel moment vous allez être en mesure de lui en dire plus. Par exemple: «Je vous rappelle demain matin» ou «On vous rappelle avant jeudi».

- *Trouvez une solution.* Il est important de faire tout ce qui est en notre pouvoir pour en trouver une avantageuse pour le client et l'entreprise. On en donne rarement trop! Cependant, il n'est pas toujours évident de trouver une solution. Dans certains cas, le client qui porte plainte a raison, mais dans d'autres, il a tort. Il arrive également que le client ait raison, mais qu'il n'y ait pas de réelle solution à son problème. Comment devez-vous agir dans ces différents cas?

Les plaintes où le client a raison et où il y a une solution

Lorsque vous vous êtes trompé et que c'est l'entreprise qui a tort, la meilleure attitude consiste à le reconnaître. Vous pouvez dire: «Vous avez raison, nous regrettons, et croyez que nous allons tout faire pour nous faire pardonner.» Les clients seront très sensibles à cette marque de considération.

C'est important de reconnaître ses erreurs. C'est tellement rare ! Si vous reconnaissez la vôtre, vous ferez preuve de professionnalisme et vous serez encore plus apprécié.

Les plaintes où le client a raison et où il n'y a pas de solution

Quand il n'y a pas de solution, le client a quand même besoin d'exprimer sa déception. Il veut alors simplement que vous l'écoutiez et que vous lui démontriez qu'il compte pour vous, que vous ferez tout en votre pouvoir pour que cela ne se reproduise plus. Et quand il n'y a pas de solution, ça ne veut pas dire que vous ne devez pas essayer de trouver une compensation.

Les plaintes où le client a tort

Vous devez montrer de la compréhension envers chaque client qui se plaint, même envers celui qui a tort. En le comprenant, vous pourrez l'amener à changer sa vision des choses et à vous comprendre à son tour. « Ne perdez pas une seule seconde à essayer de prouver à votre client que ce qui arrive est sa faute. Il en sera vexé et n'acceptera jamais de le reconnaître[19]. »

Agissez plutôt avec rapidité et impliquez-le en lui exposant vos besoins. Dans la majorité des cas, vous pourrez trouver un compromis qui vous permettra de montrer à votre client que ses intérêts vous tiennent à cœur et que vous le considérez suffisamment pour lui donner une compensation, même s'il n'a pas raison.

L'important est d'établir les politiques de l'entreprise en matière de compensation et de statuer sur le degré de latitude que l'on veut donner aux employés de première ligne. Ce qu'il faut, c'est de déterminer d'avance des barèmes.

---

19. *L'accueil plaisir*, PB◇RH DIRECT, 1992, p. 19.

Partez de vos propres émotions

On pourrait résumer tout ce qui vient d'être dit de la façon suivante : avoir de la facilité à bien accueillir les plaintes est une habileté comparable – et aussi remarquable – à celle d'avoir de la facilité à accepter une critique constructive. Je place d'ailleurs ces deux habiletés très haut dans mon échelle des valeurs et ce sont celles sur lesquelles je mise le plus lorsque je recrute du nouveau personnel.

On peut acquérir ou améliorer cette habileté en s'exerçant à se plaindre, comme le conseille d'ailleurs Andrée Ulrich dans son livre[20]. Vous pourrez ainsi vous exercer à bien sentir la différence entre les raisons qui motivent une critique et les émotions que l'insatisfaction produit.

Chaque fois que vous êtes insatisfait ou inquiet à propos d'une transaction d'achat, exprimez ce que vous ressentez, sans perdre votre calme toutefois. Parlez de vos sentiments, justifiez vos craintes ou votre mécontentement, apportez des faits concrets et observez les réponses que vous obtenez. Portez attention aux attitudes et aux phrases qui vous irritent. Voyez si vous êtes plus satisfait ou plus insatisfait à la fin de la rencontre.

Et, surtout, prenez bien le temps de noter ce que vous avez aimé et ce que vous n'avez pas aimé. Nous apprenons beaucoup en expérimentant des situations que nos clients pourraient connaître un jour ou l'autre lorsqu'ils font affaire avec nous. L'expérience est souvent une très bonne école !

---

20. Andrée Ulrich, *Comment gérer les plaintes de ma clientèle*, coll. Entreprendre, Montréal, Éditions Transcontinental, 2006, p. 135.

Gérer la satisfaction des clients

Nous avons vu jusqu'ici comment accueillir les plaintes, maintenir le dialogue et trouver des solutions. Nous pourrions aller plus loin et décider d'établir des procédures pour faciliter l'expression des plaintes dans notre entreprise. Il me semble toutefois que ces procédés complexes conviennent surtout aux très grandes sociétés. Un client qui veut porter plainte auprès d'une entreprise de la taille d'Hydro-Québec, par exemple, devra s'armer de patience, car les étapes à franchir sont nombreuses et bien ordonnées.

Les petites et moyennes entreprises ne reçoivent généralement pas suffisamment de plaintes pour avoir besoin d'établir des procédures longues et complexes. Ce ne serait absolument pas pertinent pour Qualitemps, par exemple, d'avoir un service de plaintes. Je vous suggère plutôt d'utiliser divers moyens pour faciliter le dialogue.

Quand on dirige une PME, on peut employer des moyens plus créatifs que les sondages officiels qui concernent davantage les grandes entreprises. Faites-vous des suivis après vente? C'est une façon simple et efficace d'aller chercher l'opinion de vos clients sur vos produits ou services.

J'ai déjà visité des entreprises où il était très difficile de demander à la force de vente de faire des suivis, car on savait que le nombre de plaintes qu'on récolterait alors serait très élevé. Quand on se retrouve dans cette situation, on peut se demander quelles devraient être nos priorités : élaborer un système de gestion des plaintes ou un système de gestion de la qualité ?

Ce ne sont ici que des pistes de solution que je vous suggère d'explorer. Ensuite, vous pourrez vous doter de processus simples pour bien gérer la satisfaction de vos clients. Voici donc quelques conseils qui vous aideront à mettre en place vos processus de gestion.

Conseils pour bien gérer la satisfaction des clients

Commencez par faire l'inventaire des plaintes que vous avez reçues dans le passé et analysez-les afin de recueillir le maximum d'informations. Si vous ne les avez pas notées, organisez une réunion avec tous les préposés au service à la clientèle et faites avec eux l'inventaire de toutes les insatisfactions ou déceptions dont les clients leur ont fait part.

Utilisez les données pour apporter des correctifs à vos produits ou services.

Établissez des normes de compensation pour chaque type de plainte.

Donnez du pouvoir au personnel chargé du service client. Je pourrais vous citer l'exemple d'un de mes clients qui a offert à tous ses employés le pouvoir de donner une compensation, jusqu'à concurrence de 100 $. Le degré de pouvoir que l'on procure à ses employés fait partie du processus.

Une fois que vous aurez établi vos processus, assurez-vous que la mécanique fonctionne. Repassez chaque étape que doit suivre une plainte pour en arriver à un règlement. Posez-vous quelques questions :

- Est-ce que chaque préposé au service à la clientèle est en mesure d'offrir la solution la plus simple et la plus rapide ? Est-ce que chacun sait quand dire non et comment le dire lorsque la réclamation est injustifiée?

- Est-ce que les divers services qui s'occupent des plaintes collaborent facilement? Y a-t-il des pertes de temps ou des manques de communication d'un service à l'autre?

- Est-ce que vous devriez offrir de la formation? On met parfois en place un bon système de gestion des plaintes, sans prendre le temps de donner de la formation à son personnel. Cette façon de procéder n'est pas sans risque, car même si la mécanique va bien, le succès des négociations repose d'abord sur la qualité des interactions entre les membres du personnel et les clients.

Ensuite, demandez-vous, entre autres, si vos processus vous permettent d'éviter:

- de faire attendre les clients. Est-ce qu'ils peuvent trouver rapidement une personne lorsqu'ils viennent pour une réclamation? La rapidité est l'un des éléments les plus positifs dans le règlement d'une plainte;

- de leur réclamer trop de preuves ou de leur compliquer la tâche. Plus le nombre de démarches qu'ils ont à faire augmente, plus l'impatience des clients grandit et plus il sera difficile de les satisfaire vraiment. Il est beaucoup plus avantageux de faciliter tout simplement le déroulement du processus;

- de les rediriger trop souvent. Il vaut mieux que les clients qui portent plainte trouvent rapidement la personne qui saura régler le problème. Il n'est pas bon, entre autres, de demander aux clients d'aller raconter leur histoire à une seconde personne ou de leur donner un autre numéro de téléphone à composer.

Utilisez les plaintes comme outil d'amélioration

À mon avis, c'est ici que la notion de «gestion de la satisfaction» prend tout son sens. On va plus loin que le simple fait de faciliter l'expression des plaintes. On les recueille et on les utilise afin de faire des gestes qui auront comme conséquence d'en diminuer le nombre. On va donc augmenter le niveau de satisfaction des clients en tentant d'éliminer les causes les plus habituelles d'insatisfaction. On aura ainsi atteint deux excellents résultats : l'amélioration de la qualité au sein de l'entreprise et l'augmentation du niveau de satisfaction de ses clients.

Les clients difficiles

Il est question ici de la qualité des relations en faisant une brève incursion du côté des clients difficiles. Ceux dont nous parlons n'ont aucun motif pour être mécontents et pour porter plainte. Il s'agit plutôt de clients qui ont un «caractère difficile» ou qui présentent des traits de personnalité qui peuvent nous impatienter et mettre parfois notre patience à rude épreuve.

Normalement, ils ne représentent qu'un pourcentage infime de notre clientèle, mais ils sont là et il suffit parfois d'un seul de ces clients pour gâcher toute une journée! Même si tous les autres avant lui avaient été agréables, c'est de lui que nous parlerons. Nous repenserons à l'incident et nous le revivrons mentalement cent fois durant la journée.

Comme nous ne pouvons pas fuir devant les clients difficiles, il nous faut apprendre à communiquer de façon civilisée pour que la rencontre ne se transforme pas en bataille rangée. Voici donc quelques techniques qui vont vous permettre de garder le contrôle avec les clients difficiles[21].

---

21. Inspiré de la typologie de Holland sur les personnalités.

Conseils pour bien interagir avec les clients difficiles

Leur attitude	Votre stratégie
Le méfiant : il doute de tout, manque généralement de confiance en lui et en les autres, et préfère la critique aux solutions.	• L'écouter pour lui donner confiance. • Rechercher les points d'entente. Employer des phrases comme : «On s'entend bien sur ce point.» • Éviter d'argumenter, laisser simplement le client s'exprimer. • Bien se documenter et bien connaître ses produits ou services.
L'indécis chronique : il soulève constamment des objections, n'arrive pas à se faire une idée de ce qu'il veut vraiment.	• Le rassurer. • Lui montrer que vous avez pensé aux détails vous aussi, que vous connaissez bien votre domaine. • L'aider à relativiser ; utiliser un humour léger pour dédramatiser. • Être honnête et ne pas chercher à le berner ; généralement, il s'est longuement renseigné.
Le «spécialiste» : il connaît tout, en connaît plus que vous et a peu tendance à écouter.	• L'écouter avec courtoisie. • Lui donner raison quand c'est vrai et lui demander son avis sur les solutions possibles. • Ne pas débattre certains points inutilement, ne pas chercher à avoir raison et perdre de vue le but que l'on poursuit. • Ne pas hésiter à employer certaines techniques (questions, reformulations) pour éviter que la conversation devienne un monologue.

Conseils pour bien interagir avec les clients agressifs

Les types de personnalité que nous venons de voir sont rarement agressifs. Par contre, certains autres le sont et rester courtois avec ce type de clients constitue un défi de taille ! Voici donc quelques stratégies à employer avec le négatif, le client de mauvaise foi et le provocateur.

Le négatif : avec lui, il y a toujours quelque chose qui ne fonctionne pas, un détail qui lui déplaît.	• Parler de faits et de solutions. • Ne pas l'affronter directement, mais le laisser exprimer son point de vue. • Ne pas montrer de signes d'impatience. • Ne faire aucune pression pour l'influencer. • Se rappeler que les discussions ne mènent pas toutes à une entente. • Utiliser différentes techniques pour diminuer notre niveau de stress.
Le client de mauvaise foi : il agit avec agressivité uniquement pour exploiter l'entreprise à son avantage. (Ces cas sont rarissimes.)	• Prendre le temps de penser avant de répondre. • Ne pas céder au chantage. • Au besoin, demander l'aide d'une personne-ressource. (Il vaut en effet mieux ne pas gérer seul ce genre de client.) • Utiliser différentes techniques pour diminuer notre niveau de stress.
Le provocateur : il cherche inconsciemment la confrontation, ne peut pas faire d'interventions sans s'en prendre à quelqu'un.	• L'écouter calmement. • Éviter de répondre à une attaque par une attaque. • S'assurer de bien comprendre en utilisant des phrases comme : «Je vous écoute.» • Ne pas perdre de temps en devenant hostile. • Éviter de se sentir visé : il en veut généralement à toute la société ! • Comme précédemment, utiliser différentes techniques pour diminuer notre niveau de stress.

Conseils pour bien réagir lorsqu'il y a des tensions

Voici quelques conseils qui s'appliquent à tous les cas de rencontres avec des clients difficiles et dont on pourrait également se servir dans les cas de plaintes.

- *Restez courtois.* La courtoisie est un élément essentiel en service à la clientèle. Sans elle, il est presque impossible de maintenir des relations interpersonnelles cordiales.

- *Écoutez calmement votre client.* L'écoute sert à désactiver l'agressivité de l'autre. Il suffit parfois de montrer du respect, de la compréhension et de sourire pour obtenir des résultats nettement supérieurs à nos attentes.

- *Sentez le moment où vous entrez dans un état défensif.* Pensez à détendre vos épaules, prenez de profondes respirations, esquissez un sourire, etc.

- *Essayez de trouver quelques points d'entente*, sans nécessairement donner raison au client.

- *Ne cherchez pas à imposer votre point de vue.* Assurez-vous simplement que vos interventions sont claires et ne portent pas à interprétation.

- *Communiquez vos suggestions à votre client et expliquez les politiques de l'entreprise d'une façon positive.*

Dans la plupart des cas, ces techniques devraient vous permettre de gérer votre stress durant ce genre de rencontre et d'obtenir des résultats positifs.

Vous avez droit au respect du client

La pratique de la courtoisie ne signifie toutefois pas qu'il faille abdiquer ses droits. En tant qu'être humain, vous avez droit au respect du client.

Vous ne pouvez pas accepter des gestes ou des paroles agressives qui dénotent un manque de respect envers vous. Rappelez-vous notre point de départ : le client a toujours raison… de ses émotions, mais il ne peut pas exercer ce droit au détriment des vôtres !

Si votre client devient trop impoli ou agressif, demandez-lui calmement de s'en tenir aux faits. Vous pouvez aussi lui signifier que sa remarque était de nature personnelle. Parfois, l'humour peut désamorcer une situation explosive. N'endossez jamais une remarque déplacée sur l'entreprise, n'oubliez pas que vous en faites partie.

Si, après toutes ces tentatives, vous sentez que la situation vous échappe, demandez à d'autres personnes dans l'entreprise de venir à votre rescousse. (Ces situations doivent être prévues par l'entreprise. Mieux vaut choisir et faire connaître à l'avance le nom du ou des responsables vers lesquels nous pouvons nous tourner.)

Nous n'avons pas à porter sur nos épaules le poids de ce genre de situation. Nous ne pouvons pas toujours les éviter, mais nous avons la latitude de limiter leurs effets. Une bonne façon de ne pas laisser ces émotions négatives encombrer notre esprit, c'est de penser à nos bons clients et de se rappeler les bonnes expériences que nous avons vécues avec eux. Si vous songez trop aux mauvaises expériences, elles risquent de se reproduire plus fréquemment.

6

Soignez l'image
de votre entreprise

Les aspects importants

Certains points nous permettent de soigner l'image de notre entreprise. Nous en verrons quelques-uns qui nous semblent essentiels dans le contexte d'achat actuel : être attentif aux changements sociaux, afficher ses valeurs, être à la hauteur de ses promesses, transformer l'acte d'achat et susciter l'émotion.

Être attentif aux changements sociaux

Tous les changements sociaux ont un effet direct sur les habitudes d'achat des consommateurs. Les tendances émergentes dans votre secteur d'activité auront nécessairement des répercussions sur votre entreprise[22]. Regardons ensemble les grandes tendances de notre siècle.

Les tendances au 21e siècle

Les tendances observées par les analystes sont le reflet des préoccupations de l'heure de la société dans laquelle vivent nos clients. Celles qui dominent de nos jours sont sûrement la protection de la planète, le commerce équitable, la perte de confiance, la vie à l'ère du numérique, le besoin de relations et la recherche d'authenticité. Ces préoccupations influencent les comportements d'achat de nos clients et leurs attentes envers notre entreprise.

- *La protection de la planète.* Chaque jour, les gens font face à des problèmes d'origine naturelle ou sociale qui menacent la survie de notre planète. Les changements climatiques, les gaz à effet de serre, la disparition des espèces, la gestion des déchets, la raréfaction de l'eau potable, autant de sujets qui préoccupent de plus

---

22. Vous pouvez facilement trouver dans les journaux, les magazines spécialisés, certains sites Internet, comme celui de Statistique Canada, d'excellents comptes rendus sur l'évolution des goûts et des tendances des consommateurs.

en plus les consommateurs. Ils cherchent donc à adopter un comportement «responsable» et sont devenus beaucoup plus exigeants envers les entreprises en matière de respect de l'environnement.

- *Le commerce équitable.* Le besoin de dépassement naturel chez l'homme n'est plus pris en charge comme autrefois par une religion. Les gens cherchent donc ailleurs des façons de le satisfaire. Leurs exigences par rapport à l'éthique et au respect des valeurs morales s'étendent à tous les domaines de leur vie, y compris aux entreprises qu'ils fréquentent.

Depuis quelques années, on a vu une dimension morale venir se greffer à l'aspect économique de l'acte d'achat : le désir de consommer de façon éthique en favorisant notamment les entreprises qui font du commerce équitable, quitte à payer un prix plus élevé. Ce type de commerce protège spécifiquement les droits des travailleurs marginalisés du Sud de la planète. Toutefois, les attentes des consommateurs ne se limitent pas à ce seul volet et concernent toutes les formes d'exploitation de la main-d'œuvre.

- *La perte de confiance.* Autrefois, les grandes entreprises étaient comme de grandes familles. On achetait telle marque de produits fabriquée par telle entreprise. On savait où elle était située, on avait même parfois un parent ou un ami qui y travaillait. Cependant, de nombreuses entreprises ont déménagé leurs usines très loin, en Chine, en Inde ou en Amérique latine, et les distances ont contribué à briser ces liens d'appartenance.

L'abondance d'informations négatives concernant les marchés et le commerce a aussi largement fragilisé la confiance des consommateurs. Il n'y a qu'à penser à la dégringolade des marchés boursiers, aux scandales médiatisés du monde de la finance, aux épisodes de grippe aviaire ou de la vache folle, à la question des OGM dans nos assiettes, aux flambées du prix de l'essence, aux vols d'identité sur Internet, pour se rendre compte que les sujets de crainte ne manquent pas.

Les rappels de produits défectueux n'ont rien pour les rassurer non plus. Entre 2000 et 2006, le nombre de rappels de produits alimentaires défaillants (ou enlevés à titre préventif) a augmenté de 38 %, et celui des produits non alimentaires, de 90 %[23]. Il y a donc beaucoup à faire pour regagner la confiance des consommateurs.

- *La vie à l'ère du numérique.* Avec le développement des technologies, les habitudes des consommateurs ont changé à la vitesse grand V. En moins de dix ans, ils ont transformé leur façon de s'informer, de travailler, de communiquer, de s'amuser, d'acheter et même de se rencontrer. Ces nouveaux consommateurs, qui sont toujours pressés et qu'on peut joindre à tout moment, vont donc s'attendre à pouvoir joindre l'entreprise en tout temps, à trouver une réponse sur-le-champ et à être servis très rapidement.

- *Le besoin de relations.* Le contexte social actuel est propice à la solitude. Les familles nombreuses n'existent à peu près plus, les gens se voisinent peu, le nombre de familles monoparentales est à la hausse et les travailleurs autonomes sont de plus en plus nombreux. La relation à l'autre reste cependant l'un des grands besoins de l'homme et ce besoin se répercute sur les attentes des clients qui cherchent, même dans un contexte d'achat, des occasions de rencontrer des gens et d'accroître leurs relations interpersonnelles. D'ailleurs, l'une de nos grandes bannières n'annonce-t-elle pas que, dans ses établissements, «on trouve de tout, même un ami»?

- *La recherche d'authenticité.* La mondialisation a permis d'exporter les goûts, les mœurs et les habitudes de vie des autres pays,

---

23. Thierry Spencer, *Sens du client.com*, 10 octobre 2007.

ainsi que de les intégrer à notre quotidien. Cette ouverture au monde a néanmoins sa contrepartie : un besoin impérieux de retrouver ses racines et d'exprimer son appartenance à un terroir. On remarque donc, chez bien des consommateurs, un retour aux traditions, une recherche constante d'authenticité, l'espoir du «retour du bon pain[24]», d'où la popularité grandissante de produits cultivés ou fabriqués localement.

Une entreprise qui reste attentive aux changements en cours peut prendre une bonne longueur d'avance sur ses concurrents et augmenter ainsi considérablement ses chances de réussite.

---

24. Stephen Laurence Kaplan, *Le retour du bon pain*, Éditions Perrin, 2002, 280 p.

Afficher ses valeurs

Les entreprises se doivent de refléter le plus possible les préoccupations de leurs contemporains. Comment alors y répondre? En faisant des gestes concrets, conformes aux nouvelles valeurs des consommateurs. L'image d'une entreprise qui s'engage socialement touche les consommateurs et contribue à les fidéliser. C'est ce que beaucoup d'entreprises ont compris. Qu'on pense simplement au succès des produits certifiés équitables, biologiques, biodégradables, non testés sur les animaux, etc.

Les Caisses Desjardins ont multiplié depuis dix ans les gestes qui témoignent de leur engagement. Prenons simplement l'exemple du «Défi relevé vert» lancé en mai 2006. Desjardins, en partenariat avec la Corporation St-Laurent, s'était engagé à planter un arbre chaque fois qu'un client optait pour un relevé en mode électronique. Leur objectif était alors de planter 100 000 arbres avant la fin de 2009. L'objectif a été atteint à peine six mois après le lancement de l'opération. Les 100 000 arbres plantés vont permettre de capter environ 240 tonnes de CO_2 par année et de reboiser un territoire équivalant à 140 terrains de football[25].

---

25. Article publié dans l'édition spéciale de juin 2008 du magazine *Espace D*: «Des gestes en faveur du développement durable», repris sur le site Web de Desjardins.

Citons également l'édition 2008 du colloque pour la promotion des produits forestiers, organisé par le consortium de recherche FOR@C de l'Université Laval, et dont le slogan était : « Penser client : penser vert [26] ! »

L'engagement de Body Shop envers la communauté est bien connu. L'entreprise a mis sur pied un programme de commerce équitable avec les communautés du Sud qui lui fournissent les matières premières, et elle a créé des gammes de produits faits à base de composés issus de l'agriculture biologique.

Faites-le savoir

Il est possible de faire de petits gestes simples qui informeront vos clients sur les valeurs que vous privilégiez. En voici quelques exemples : utiliser du papier recyclé, limiter l'impression des courriels, remettre les cartouches d'encre épuisées des imprimantes à des spécialistes, éteindre le soir les lumières et les appareils, limiter les déplacements, améliorer l'efficacité énergétique de votre place de travail, choisir des fournisseurs responsables, etc.

Nous disposons maintenant de moyens technologiques, Internet et le courriel notamment, qui nous permettent un dialogue rapide et interactif avec nos clients. Prenons l'exemple de Roots. Quand on ouvre le site Internet de cette entreprise, on trouve en première page des mentions comme celle-ci : « Vous pouvez neutraliser les émissions de carbone créées par l'envoi de votre commande pour un frais minimal. »

Dans le même ordre d'idées, Roots publie une brochure intitulée *Aidons à rendre le monde meilleur* dans laquelle on peut lire : « Nous savons que nous ne pouvons pas changer le monde tout seuls, mais nous croyons que nous pouvons – et devrions – faire une différence

---

26. www.aufil.ulaval.ca/articles/penser-client-penser-vert-6342.html.

pour améliorer le monde autour de nous », suivi d'un compte rendu de ses diverses implications sociales au fil des ans, ce qui rend sa déclaration crédible.

On peut facilement profiter des nouvelles technologies pour diffuser notre image, nous rapprocher de nos clients et décrire notre engagement. C'est le cas d'une entreprise alimentaire québécoise qui lançait récemment sur son site Internet une vidéo pétition pour sensibiliser le gouvernement canadien à lutter rapidement contre le réchauffement climatique. Cette vidéo était constituée d'une succession de mini clips d'une seconde et montrait chaque signataire en train de simuler le tic des aiguilles d'une horloge.

S'engager ne rejoint pas seulement les préoccupations des clients, mais aussi celles des employés. Pour avoir vraiment de l'impact, ce type d'engagement doit correspondre aux préoccupations des dirigeants de l'entreprise eux-mêmes.

Être à la hauteur de ses promesses

Comme nous l'avons vu précédemment, la confiance des consommateurs est en baisse. Signe des temps peut-être, la parution récente d'un livre dont le titre est assez évocateur, *Acheter sans se faire rouler*, et dans lequel Stéphanie Grammond, journaliste à *La Presse*, explique aux consommateurs comment déjouer les pièges de la consommation[27].

Pour conserver sa crédibilité, l'entreprise doit pratiquer l'honnêteté dans ses communications avec les clients et chercher à se conformer aux attentes qu'elle a créées. Celles-ci sont en lien direct avec l'image que l'entreprise projette et le contenu de ses messages publicitaires. La combinaison des deux, la réputation de l'entreprise et les promesses qu'elle diffuse, contribue à créer du rêve chez le client.

Nous nous devons donc d'être à la hauteur des promesses que nous faisons et tenir nos engagements. La compagnie FedEx, par exemple, s'est engagée à respecter ses délais de livraison, quelles que soient la taille des colis et leur destination. Il va de soi que cette promesse ne peut pas être tenue en tout temps. Il y aura parfois des retards, c'est inévitable. FedEx offre donc de rembourser le client si la livraison n'est pas faite dans les délais prévus.

---

27. Stéphanie Grammond, *Acheter sans se faire rouler*, Montréal, Éditions La Presse, 2009.

Transformer l'acte d'achat

Tout, dans notre société, encourage la recherche du bien-être et la pratique d'une vie de qualité. Le nombre de publicités qui misent sur ces notions ne se compte plus. Ce bien-être, ce n'est pas seulement à la maison qu'on veut le trouver, on le veut partout. De ce fait, acheter ne veut plus seulement dire se procurer un bien ou un service, mais s'offrir une expérience agréable à tous les instants de la transaction.

Offrez-leur une expérience mémorable

L'importance grandissante de la notion de bien-être et de plaisir que les clients souhaitent trouver partout en fait un élément clé du service à la clientèle, car c'est le plaisir que lui procure son expérience d'achat qui le motive à faire affaire avec une entreprise. Or, le plaisir n'est pas un produit qu'on peut mettre en tablette. C'est une expérience globale qui se vit à chaque étape d'un processus d'achat ou de prestation de service. Pour le client, la façon dont il se sent à chaque étape de ce processus est aussi importante que le produit ou le service lui-même.

Il est possible de transformer l'acte d'achat en une expérience agréable en misant sur la notion de plaisir et de bien-être. C'est l'objectif que s'était fixé Philippe Block, le créateur de Columbus Café, lorsqu'il déclarait : « Nous voulons que notre client passe les quinze meilleures minutes de sa journée chez nous!» Il s'agit de petits commerces, de petites surfaces, mais, à l'intérieur, tout contribue à faire vivre aux clients une expérience mémorable. La musique et l'ambiance ont autant d'importance que le café.

Susciter l'émotion

L'environnement physique que nous proposons à nos clients s'adresse d'abord à leurs sens et, indirectement, à leur imaginaire. Même si vous vendez des formations ou des services financiers, ce sont d'abord les sens de vos clients qui vont les renseigner et les guider dans leurs choix : la vue (le décor de votre bureau, les couleurs de votre brochure), le toucher (la poignée de main), l'ouïe (les voix au téléphone), l'odorat (les odeurs dans vos locaux, le parfum de la personne qui reçoit le client) et le goût (les gâteries).

Tout, dans le service à la clientèle, doit contribuer au plaisir des sens, ce qui suscite des émotions chez le client et augmente son désir de se procurer un produit. Nous sommes tous des consommateurs et nous savons d'expérience que les émotions l'emportent bien souvent sur la raison dans nos décisions d'achat.

La vue

Le choix des couleurs, des formes et de l'éclairage ambiant nous permet de stimuler la vue. Les couleurs sont souvent associées à des promesses : une viande bien rouge, une nappe bien blanche. Quant au décor, il permet de créer des ambiances. Imaginez un magasin sans décorations au temps de Noël !

La vue est certainement le sens le plus sollicité des clients qui se rendent chez vous. Elle contribue d'ailleurs à 83 % du plaisir des sens chez le client !

Le toucher

On peut stimuler le toucher en permettant aux clients de palper la marchandise. Dans un restaurant, par exemple, le poids du couvert, la qualité des verres, la texture des serviettes et le confort des sièges vont influencer le client.

L'ouïe

On peut stimuler l'ouïe par un bon choix de musique et par l'ambiance sonore. Des bruits d'oiseaux, de cascades d'eau incitent à la détente et conviennent bien aux agences de voyages et aux centres de santé. Le bruit d'une portière de voiture est une promesse en soi.

Si le client se rend dans votre entreprise, soyez attentif au choix des musiques que vous diffusez. Les recherches sur le sujet tendent à démontrer que le volume et le rythme de la musique influencent le comportement des consommateurs. Si le volume est élevé, les clients passeront moins de temps dans l'entreprise. Le rythme affecterait également notre perception du temps. Un tempo lent conduit les clients à estimer que le temps passé est plus court qu'il ne l'a été en réalité. Un tempo lent inciterait également les clients à acheter plus.

L'odorat

On peut stimuler l'odorat par l'utilisation d'arômes délicats, la fraîcheur de l'air, des odeurs qui donnent le goût d'acheter. On associe les odeurs à une image. Une odeur de cuir dans un bureau de professionnels renvoie une image de succès. Une odeur de citron suggère l'idée de propreté. Une odeur de cannelle renvoie une image de chaleur, de bonne maison. Les boulangeries qui laissent diffuser l'odeur du pain chaud attirent plus de clients. Soignez les odeurs, insistez sur la propreté du personnel (pas de parfums trop forts, une bonne haleine), etc.

Si nous ne pouvons pas ouvrir les fenêtres dans notre entreprise, nous pouvons néanmoins soigner la qualité de l'air en plaçant des plantes vertes. En plus d'agrémenter notre lieu de travail, elles absorbent discrètement les polluants et les produits chimiques présents dans l'air.

Le goût

Le goût est un sens plus difficile à stimuler dans le contexte du commerce. En fait, il ne peut pas être vraiment exploité ailleurs que dans l'industrie alimentaire. Pouvoir goûter rassure le client. Il est donc important de lui offrir des dégustations quand on est dans ce secteur.

Les autres types d'entreprises sont évidemment limités dans ce domaine, ce qui n'empêche pas de penser aux gâteries. Comme le chocolat est source de plaisir, pourquoi ne pas laisser sur le comptoir un plateau de petits chocolats de qualité?

***

Nos sens recueillent des informations que notre cerveau interprète. Ils participent donc en partie à la construction de l'image que nous nous faisons d'un produit ou d'un service. Nous pouvons affecter le comportement d'un consommateur en soignant l'éclairage, en utilisant une musique agréable, des couleurs qui plaisent à l'œil, des odeurs rassurantes, etc.

Toutefois, il ne suffit pas de chercher des recettes toutes faites et de les appliquer pour réussir. Ici comme ailleurs, il faut être transparent. Utiliser une odeur de pain chaud dans un magasin d'alimentation s'il est fabriqué ailleurs, c'est tromper le client. L'objectif n'est pas de manipuler ce dernier, mais de rendre encore plus agréables, plus plaisants les moments de sa relation avec nous.

L'émotion, une aptitude qui ne peut pas être automatisée !

La différence entre les mentalités d'hier et d'aujourd'hui est si grande qu'on pourrait y voir, comme certains l'affirment, le signe d'un nouveau tournant de l'histoire. Nos ancêtres étaient des ouvriers d'usines et les ancêtres de nos ancêtres, des fermiers. Le passage de l'ère de l'agriculture à l'ère de l'industrialisation a constitué une véritable révolution.

Nous vivons maintenant à l'ère de l'information et des technologies. Dans ce monde hautement informatisé, bien des fonctions peuvent être prises en charge par les machines. Toutefois, l'émotion sera toujours du ressort de l'homme et deviendra sans doute un bien très recherché.

Selon Rolf Jensen du Copenhagen Institute for Future Studies[28] : « Au fur et à mesure que l'information et l'intelligence deviendront du ressort des ordinateurs, la société accordera une valeur renouvelée à l'aptitude humaine qui ne pourra jamais être automatisée : l'émotion[29]. »

Si ces prévisions sont justes, les entreprises devront ajuster leurs produits ou leurs services en fonction des émotions recherchées par les consommateurs et des valeurs auxquelles ils tiennent. Elles

---

28. Cité dans NEBS, *Livre blanc. Tendances du marché amenant des changements importants : comment détenir une position avantageuse et distancer vos concurrents*, www.nebs.ca/fr – © 2008 Deluxe Enterprise Operations, Inc.

29. C'est nous qui soulignons.

devront «promouvoir l'émotion» que suscite un produit, un service ou l'entreprise elle-même.

Voici maintenant comment on peut se servir d'une démarche client pour améliorer ses processus d'affaires.

7

La démarche client
et l'amélioration continue

Améliorez vos processus d'affaires

Depuis le début de ce livre, nous nous sommes donné des outils pour améliorer nos relations avec nos clients. La beauté de tout ça, c'est que cette démarche va nous servir également dans nos relations avec nos proches, nos collègues, etc. Nous pouvons cependant décider d'aller plus loin et profiter de cette démarche pour revoir nos processus d'affaires et les améliorer.

Les moments de vérité

Les processus dont il est question en service à la clientèle sont tous les processus clients, c'est-à-dire tous nos points de contact entre nos clients et notre entreprise. Yan Carlson, président de la compagnie aérienne SAS (Scandinavian Airlines), appelait ces points de contact des moments de vérité.

Chez Qualitemps, par exemple, les points de contact entre les clients et l'entreprise sont le téléphone, les formateurs, le site Internet, la publicité, les plans de cours, le matériel didactique, etc. Pour une entreprise qui vend des systèmes d'alarme, ce sont le téléphone, le site Internet, la publicité, les techniciens installateurs, etc.

Nous allons donc pousser plus loin notre démarche en revoyant tous nos points de contact et en cherchant des moyens d'améliorer certains moments du parcours de nos clients. Comme le téléphone en est un important chez nous, nous allons analyser le déroulement d'un appel téléphonique et suggérer des façons d'améliorer le processus et de le systématiser. Nous pourrions, par exemple, décider de nommer deux ou trois fois le nom des gens au téléphone ; mettre l'accent sur le sourire, sur le texte de vente, sur le message d'accueil, etc.

À votre tour maintenant. Comment ça se déroule chez vous quand un client téléphone pour s'informer de vos prix ? La personne responsable de prendre les appels répond-elle rapidement ? Utilise-t-elle les bonnes formules de politesse ? Peut-elle répondre elle-même aux questions du client ? Sinon, combien de fois l'appel sera-t-il relayé à une autre personne avant que le client obtienne ses réponses ? Pourriez-vous raccourcir ce processus ? Y a-t-il un suivi après ces appels ?

Si vous faites parvenir des offres de service à vos clients, sont-elles préparées rapidement ? Sont-elles bien rédigées, faciles à comprendre ? Sont-elles expédiées sans délai ? Si vous aviez des modèles, par exemple, le temps de préparation ne serait-il pas plus court ?

Vous vendez en ligne ? Quelle expérience d'achat offrez-vous à vos clients ? La navigation est-elle facile ? Offrez-vous un environnement sécuritaire ? Un engin de recherche rapide ? Vous servez-vous de votre site pour échanger avec vos clients et recueillir leurs besoins ? Vos clients peuvent-ils obtenir la même qualité de service à tous ces points de contact ?

« Une chaîne n'est jamais plus forte que le plus faible de ses maillons. Dans ce sens, chaque "moment de vérité" revêt une valeur critique et il suffit qu'un seul d'entre eux provoque de l'insatisfaction chez le client pour qu'il soit tenté de faire affaire ailleurs[30]. »

---

30. Yvan Dubuc, *La passion du client*, Montréal, Éditions Transcontinental Inc., Fondation de l'Entrepreneurship, 1993, p. 79.

Suivre pas à pas l'itinéraire du client

Pour améliorer votre service client, je vous suggère donc de commencer par suivre pas à pas l'itinéraire de vos clients lorsqu'ils viennent vers vous en personne, par téléphone, par courriel, dans Internet, lorsqu'ils rencontrent quelqu'un de l'entreprise ou lorsqu'ils lisent vos publicités.

Prenons l'exemple d'une institution bancaire. On peut facilement imaginer le nombre de points de contact entre une banque et ses clients. S'ils téléphonent : l'accessibilité, la voix, la qualité des réponses qu'ils reçoivent, les rappels, etc. S'ils se rendent en personne : l'accès au stationnement, l'apparence de l'édifice, la propreté des lieux, l'accueil à la réception, les communications avec les préposés, leur tenue vestimentaire, etc.

Entre le moment où le client ouvre la porte de sa succursale bancaire et le moment où il la quitte, il y a plusieurs moments de vérité et plusieurs possibilités de déceptions ; par exemple :

- Le client se présente au guichet automatique et ce dernier est en panne ;

- Le client se présente au comptoir et reçoit un accueil plutôt froid ;

- Un client assidu rencontre le nouveau gérant qui ne sait rien de lui et le traite comme un parfait inconnu ;

- Le client a révisé ses frais mensuels et s'est rendu compte qu'ils étaient plus élevés qu'auparavant. Il profite de son heure de lunch pour se rendre à sa succursale et quand il arrive, il n'y a que deux guichets ouverts et un longue file d'attente.

Quel que soit votre domaine d'activité, les points de contact entre votre entreprise et vos clients sont très nombreux. Ce sont tous ces moments de vérité qui donnent de la qualité au service et qui permettent de les fidéliser. Vous devez donc vous demander, pour chacun des points de contact entre vos clients et vous :

- Qu'est-ce que mes clients recherchent ?

- Quels problèmes peuvent-ils éprouver ?

- Comment pourrais-je améliorer ce point de contact ?

- Comment pourrais-je surprendre agréablement mes clients ?

Les points de contact

La liste qui suit reprend les points de contact usuels. Relevez et notez ceux qui vous concernent, ajoutez-en s'il y a lieu et indiquez les secteurs qui vous semblent les plus névralgiques, en inscrivant les raisons et en leur accordant un ordre d'importance. Puis, mentionnez ce qui devra être fait pour rectifier la situation.

- *Les communications*
  - Les panneaux publicitaires ;
  - Les envois postaux ;
  - Le site Internet ;
  - Les prospectus ;
  - Les contrats ou offres de service ;
  - L'identité (logo, marque, cartes professionnelles, etc.) ;
  - Autres.

- *Les lieux*
  - Le stationnement ;
  - L'enseigne extérieure ;
  - L'édifice ;
  - La porte d'entrée ;
  - Les vitrines ;
  - Les étalages ;
  - Le décor ambiant (couleurs, propreté, mobilier, etc.) ;
  - L'éclairage ;
  - La musique, la sonorisation ;

- Les odeurs (les plantes vertes) ;
- La salle d'attente, les toilettes, le coin pour les enfants, etc. ;
- La caisse ;
- La salle de conférence ;
- Autres.

- *À l'extérieur de l'entreprise*
  - Les livraisons ;
  - Les installations ;
  - Les réparations ;
  - Les visites des représentants ;
  - Les prestations des représentants ;
  - Les véhicules de l'entreprise ;
  - Autres.

- *Les produits ou services*
  - La qualité ;
  - Les informations concernant les produits ou les services ;
  - L'emballage, la présentation ;
  - L'exécution dans le cas des services ;
  - Les garanties ;
  - Les livraisons ;
  - La facturation ;
  - La gestion des plaintes ;
  - Autres.

- *Le téléphone*
  - La facilité d'accès ;
  - L'accueil ;
  - Le temps d'attente ;
  - La qualité de l'information ;
  - La prise de commande ;

- Le suivi ;
- Les rappels ;
- Autres.

- *Le personnel*
  - L'expertise ;
  - La courtoisie ;
  - L'empathie ;
  - La disponibilité ;
  - La tenue vestimentaire ;
  - L'esprit d'équipe ;
  - La collaboration ;
  - Autres.

Une démarche progressive

Nous nous devons de soigner chaque point de contact entre le client et l'entreprise, de mettre de la qualité à tous les moments de la relation. Cette approche implique que chacun de nos processus sera repensé en fonction d'un seul objectif : la satisfaction du client.

Comme le déclarait Jean-Marie Gonthier, alors vice-président et conseiller du président-directeur général d'Hydro-Québec : « La qualité, c'est une approche de gestion qui vise à satisfaire totalement et au moindre coût les besoins des clients par une plus grande mobilisation des ressources humaines et par la maîtrise des processus de travail. »

Implanter un service de qualité est une démarche progressive. Pourquoi ne pas vérifier l'état des choses de temps en temps et apporter des correctifs qui vous permettront de vous améliorer ? Vous trouverez à la page qui suit un questionnaire à cette fin.

La satisfaction du client, c'est la conformité entre ses attentes et ce qu'il reçoit et il vaut mieux atteindre cette satisfaction... *du premier coup*!

📖 Questionnaire de suivi

À combien de ces énoncés pourriez-vous répondre de façon affirmative?

- Le client est au centre des préoccupations de notre entreprise.

- L'importance du client est connue et reconnue par tous les membres de l'entreprise.

- L'entreprise s'est donné les moyens de recueillir les commentaires de satisfaction ou d'insatisfaction de ses clients.

- Nous recueillons les suggestions des membres du personnel pour améliorer la qualité de notre service.

- Les membres du personnel ont les outils et la formation nécessaires pour répondre aux attentes de nos clients.

- Nos clients peuvent facilement communiquer avec nous lorsqu'ils veulent porter plainte.

- Les employés ont suffisamment d'autorité pour prendre des décisions et satisfaire les clients.

- Nous analysons les plaintes et nous nous en servons pour améliorer nos produits et notre service.

- Nous revoyons et améliorons nos processus régulièrement.

- Les clients félicitent souvent notre entreprise pour la qualité de ses services.

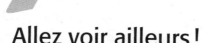

Allez voir ailleurs !

Je termine souvent mes cours en service à la clientèle en disant à mes participants que le temps est venu pour eux de développer leurs «antennes service». Or, l'un des meilleurs moyens pour ce faire est d'aller voir ce que font les autres et s'en inspirer.

Durant les jours qui suivent un cours en service à la clientèle, on est souvent plus sensible, plus aguerri et on remarque des faits, des gestes qui passaient inaperçus à nos yeux auparavant. Je vous conseille donc de commencer dès maintenant à observer les gens quand vous êtes vous-même client. Observez bien tous les aspects des transactions.

- Comment vous sert-on ?
- Comment aimeriez-vous être servi ?

Servez-vous de vos observations pour vous améliorer.

Multipliez les occasions de vous sensibiliser

Téléphonez dans l'entreprise de l'un de vos concurrents et demandez des renseignements. Observez comment vous êtes accueilli, comment votre demande est traitée. Vous a-t-on mis en attente trop longtemps ? Avez-vous réussi à obtenir des réponses satisfaisantes ?

Téléphonez ensuite dans votre propre entreprise ou demandez à un ami de le faire si vous craignez qu'on reconnaisse votre voix. L'accueil était-il moins bon, aussi bon, meilleur que chez vos concurrents? Y avait-il un sourire dans la voix? Avez-vous obtenu rapidement les informations que vous recherchiez?

On raconte que John Opel, alors président d'IBM, aurait reçu un appel d'un ami qui voulait l'informer des problèmes qu'il avait eus avec l'entreprise. Le lendemain, M. Opel téléphone lui-même à son entreprise sous le couvert de l'anonymat et commande une machine à écrire.

Le résultat est catastrophique: ça lui prend quinze jours pour trouver la personne capable de lui donner les renseignements qu'il recherche. Opel mobilise alors tout son personnel et met le cap sur la qualité du service client. Il décide même d'engager du personnel pour lequel le seul travail sera de téléphoner aux ingénieurs de l'entreprise pour voir s'ils sont faciles à joindre.

Notez vos coups de cœur

Visitez des entreprises qui offrent des produits et des services similaires aux vôtres, observez les différences et, surtout, notez tout ce qui vous surprend agréablement.

«Saviez-vous qu'au Japon de nombreuses entreprises envoient leurs collaborateurs en mission d'observation auprès de leurs concurrents, ou d'entreprises exerçant une activité proche de la leur? Leur principale mission est de s'étonner de tout ce que font ces derniers, et qu'eux-mêmes ne font pas, en matière de production, de consommation, de techniques de vente, d'accueil, etc. À leur retour de mission, ces collaborateurs doivent écrire un rapport d'étonnement, dans lequel ils recensent tout ce qui les a surpris, séduits ou intrigués et qu'il serait possible de mettre en place[31]. »

Essayez d'être sensible à tout ce qui se passe durant ces rencontres. Prenez le temps d'apprécier la qualité du service quand vous êtes satisfait. Chaque fois que vous n'aimez pas un aspect du service que vous recevez, notez-le mentalement pour ne pas le répéter et vous assurer de ne jamais agir ainsi envers vos clients.

Si vous découvrez ne serait-ce qu'une seule chose qu'ils font mieux que vous, n'hésitez pas à l'offrir à vos clients !

---

31. *L'accueil plaisir*, PB◇RH DIRECT, 1992, p. 9.

Conclusion

J'ai placé ce livre sous un éclairage particulier, celui de la qualité des relations que nous entretenons avec nos clients. Cette qualité est basée sur une pratique constante d'ouverture d'esprit et d'acceptation de l'émotion de l'autre. Pour moi, cette approche est fondamentale.

Lorsqu'on se place sous cet éclairage, le slogan « Le client a toujours raison » cesse d'être un principe qu'on tolère sans y croire. Il devient une réalité basée sur le fait que le client a toujours raison… de ses émotions et qu'il est bon de les accueillir et de démontrer de l'empathie. On pourra ensuite plus facilement s'adresser à sa raison et en arriver à recréer un climat d'entente. L'application du principe « Le client a toujours raison » est placée de cette façon sur la pratique de l'empathie.

La qualité des relations est la base d'un service client exceptionnel. Son importance n'est plus à démontrer, l'indifférence des employés étant la cause première de l'infidélité des clients. Toutefois, la qualité des relations ne contribue pas uniquement au bien-être des clients et de l'entreprise. Elle profite également à tous ceux et à toutes celles qui sont en contact avec eux. Entretenir des relations harmonieuses avec les gens qu'on côtoie est une grande source de satisfaction personnelle et améliore beaucoup la qualité de vie au travail.

Pour bien servir nos clients, il faut connaître leurs attentes. Nous avons donc vu ensemble quelles étaient les huit grandes attentes de nos clients, tous ces «J'aimerais que…» qui ne sont généralement pas exprimés, mais qui sont présents dans leur tête à chaque moment de la transaction d'achat. En partant des exemples que nous vous avons donnés et des particularités de vos clients, vous pouvez choisir quelques gestes à faire pour mieux répondre à leurs attentes particulières et augmenter le plaisir que cette relation leur procure.

Pour établir des relations de qualité, il nous faut porter un soin particulier à la qualité de nos communications. Nous avons vu ensemble quelles étaient les trois grandes habiletés nécessaires dans ce domaine : avoir une excellente capacité d'écoute, communiquer de façon positive, utiliser efficacement le non-verbal. Ensuite, nous avons énuméré les gestes clés qui nous permettent de nous améliorer dans ces différents domaines.

Nous avons repassé ensemble les principales règles de l'étiquette à l'accueil, au téléphone et avec le courriel. L'étiquette nous permet d'entrer facilement en relation avec les autres. Dire bonjour, remercier un client qui nous téléphone, lui souhaiter une bonne journée à la fin de l'appel, tous ces gestes n'ont rien de banal. Ils sont la base sur laquelle se construisent nos relations, car cette forme de savoir-vivre dénote l'attention, l'intérêt et le respect que nous portons à l'autre.

Les plaintes sont souvent la bête noire des entreprises. Nous vous avons donc proposé de transformer votre vision des choses en pensant non plus en fonction de la «gestion des plaintes», mais en fonction de la «gestion de la satisfaction des clients». Nous pouvons en effet voir les plaintes comme des occasions de satisfaire nos clients maintenant et plus tard. Maintenant, en accueillant leurs émotions lorsqu'ils viennent porter plainte, sans prendre sur nous le fardeau de leurs émotions. Plus tard, en utilisant les plaintes pour découvrir nos faiblesses et nous améliorer. Nous aurons ainsi atteint deux excellents résultats : l'amélioration de la qualité au sein de l'entreprise et l'augmentation du niveau de satisfaction de nos clients. C'est ici, à mon avis, que le terme «gestion de la satisfaction» prend tout son sens.

Dans le chapitre consacré à l'image de l'entreprise, nous avons parlé des nouvelles valeurs sociales et de leurs effets sur les habitudes d'achat des consommateurs, ce qui nous a permis de dégager cinq grands thèmes: être attentif aux changements sociaux, afficher ses valeurs, être à la hauteur de ses promesses, offrir une expérience mémorable et, enfin, susciter l'émotion.

Nous vous avons suggéré d'aller plus loin dans votre démarche et de revoir vos processus d'affaires. Cette prise de position va vous donner l'occasion de revoir chacun des points de contact entre vos clients et votre entreprise, ce que Yan Carlson appelait «les moments de vérité», et d'apporter les améliorations qui s'imposent. Une démarche en service à la clientèle peut alors être une occasion de remettre le client «au centre» des préoccupations de votre entreprise et d'implanter un service de qualité.

Bien servir ses clients est une compétence qui allie savoir-faire et savoir-être. Le contenu que nous vous avons proposé tout au long de ce livre vous permettra d'adopter une approche proactive et de parfaire vos habiletés relationnelles, afin d'augmenter la satisfaction de vos clients et de conserver leur confiance.

De nos jours, la qualité du service à la clientèle constitue le nerf de la guerre pour la majorité des entreprises; c'est un outil puissant dans un monde basé sur la concurrence. Autre avantage non négligeable: un service de qualité crée un climat de bonne entente qui influe sur la qualité de vie des gens au travail.

Il faut chercher à parfaire, jour après jour, la qualité de nos relations avec nos clients. C'est ce qui donne de la valeur à une démarche en service à la clientèle. Je crois d'ailleurs que l'une des préoccupations les plus importantes pour la majorité d'entre nous, depuis notre enfance jusqu'à notre dernier jour, c'est d'améliorer nos habiletés relationnelles. Nous aimons ça avoir plus d'amis, plus de liens avec eux.

Améliorer nos relations clients, c'est améliorer nos habiletés relationnelles. Si nous voulons rendre agréable la démarche client, c'est l'éclairage qu'il faut lui donner. Si ça fonctionne, ça veut nécessairement dire que nous faisons des progrès, que nous augmentons nos habiletés et que nous devenons de plus en plus aptes à bien interagir avec les autres. Il n'y a pas un seul être humain qui n'ait pas ce souci et qui n'en retire pas un grand plaisir !

Ce qui rend également intéressante l'implantation d'un service de qualité, c'est la possibilité, pour l'entreprise, de s'engager dans une démarche d'amélioration concrète, simple et souvent peu onéreuse. En mettant la qualité du service à la clientèle au centre des préoccupations de l'entreprise, on s'engage en effet dans un processus d'amélioration continue. Ce mouvement conduit à la mobilisation et à l'engagement de tout le personnel et à la concrétisation de la mission de l'entreprise. Finalement, tout le monde y gagne, les clients, le personnel et l'entreprise elle-même.

Il me reste à vous remercier de m'avoir suivi jusqu'ici et à vous souhaiter beaucoup de succès dans votre démarche !

Bibliographie

Adriaensen, Bernhard, Ingham, Marc et Vankerkem, Michel. *Marketing et qualité totale*, coll. Entreprise, Paris, De Boeck, 1993.

Alain, Marcel. *Réussir la performance des services aux clients*, Montréal, Éditions Nouvelles, 2003.

Blanchard, Ken, Ballard, Jim et Finch, Fred. *La passion du client!*, Paris, Éditions Michel Lafond, 2007.

Boisvert, Jean-Marie et Beaudry, Madeleine. *S'affirmer et communiquer*, Montréal, Éditions de l'Homme, 1999.

Brun, Jean-Pierre et Dugas, Ninon. *La reconnaissance au travail: une pratique riche de sens*, Centre d'expertise en gestion des ressources humaines, Chaire en gestion de la santé et de la sécurité du travail dans les organisations, Québec, octobre 2002.

Chiron, G et Cottin, D. *Body Language: l'impact de la communication non verbale sur la relation commerciale*, Québec, Paris DCMG®, DCMG Consulting & Training, 2002.

Cormier, Solange. *La communication et la gestion*, Sainte-Foy, Presses de l'Université du Québec, 2006.

Deloitte Research. *Making Customer Loyalty Real: Lessons from Leading Manufacturers*, New York, 1999.

Dubuc, Yvan. *La passion du client*, Montréal, Éditions Transcontinental inc., Fondation de l'Entrepreneurship, 1993.

Godin, Seph, Conley, Chip et Candy, Ted. *Les cinq cents règles d'or en affaires: les carnets de bord du manager*, Paris, Éditions First, 1988.

Grammond, Stéphanie. *Acheter sans se faire rouler*, Montréal, Éditions La Presse, 2009.

Guilloton, Noëlle et Cajolet-Laganière, Hélène. *Le français au bureau*, Office québécois de la langue française, Sainte-Foy, Publications du Québec, 2005.

Hall, Edward Twichell. *La dimension cachée*, Paris, Éditions du Seuil, 1978.

Kaplan, Stephen Laurence. *Le retour du bon pain*, Paris, Éditions Perrin, 2002.

Lacombe, Daniel et Pinet, Jocelyn. *Service à la clientèle: un guide pratique*, Montréal, Stratégie, 1994.

Lance, H. K. Secretan. *Reclaiming Higher Ground: Creating Organizations that Inspire the Soul*, Ontario, McGraw-Hill, 1997.

Lapeyre, Jean. *Garantir le service, l'engagement client*, Paris, Éditions d'Organisation, 1998.

Masson, Louise. *Une étiquette à tout prix, guide pour conquérir le monde des affaires*, Montréal, Éditions Flammarion Québec, 2001.

Millot, Sophie. *L'enquête de satisfaction, outil de dialogue avec le client*, Paris, Éditions Afnor, 1998.

Mills, Harry. *Artful Persuasion*, New York, Amacom Edition, 2000.

Nierenberg, Gerard I. *Negociating the Big Sale*, Ontario, McGraw-Hill, 1991.

NEBS. *Livre blanc: tendances du marché amenant des changements importants. Comment détenir une position avantageuse et distancer vos concurrents*, www.nebs.ca/fr - ©2008 Deluxe Enterprise Operations, Inc.

Njamfa, Olivier. *Toute l'entreprise est UN service client*, NetEco, site clubic.com, consulté le 28 septembre 2009.

Paquin, Benoît et Turgeon, Normand. *Les entreprises de services, une approche client gagnante*, Montréal, Éditions Transcontinental inc., 1998.

Peale, Vincent-Norman. *La puissance de la pensée positive*, coll. Marabout voie positive, Paris, Éditions Marabout, 2007.

Peters, Thomas et Austin, Nancy. *La passion de l'excellence*, Paris, Inter-Éditions, 1985.

Pine II, B. Joseph et Gilmore, James H. *The Experience Economy: Work Is Theatre & Every Business a Stage*, Boston, Harvard Business School Press, 1999.

Rock, Gilbert et Ledoux, Marie-Josée. *Le service à la clientèle*, Montréal, Éditions du renouveau pédagogique, 2006.

Rozès, Gilbert. *Service client, bonjour ! Comment l'accueil est une force stratégique*, Paris, Éditions Les Échos, 2001.

Salvas, Ginette. *L'étiquette en affaires*, Outremont, Éditions Quebecor, 2003.

Samson, Alain. *Faites sonner la caisse ! Trucs et techniques pour la vente au détail*, Montréal, Éditions Transcontinental inc., Fondation de l'Entrepreneurship, 1956.

Samson, Alain. *Promettez beaucoup, livrez davantage*, coll. Entreprendre, Montréal, Éditions Transcontinental inc., 2004.

Spencer, Thierry. Sens du client.blogspot.com, 10 octobre 2007.

Ulrich, Andrée. *Comment gérer les plaintes de ma clientèle*, coll. Entreprendre, Montréal, Éditions Transcontinental inc., 2006.

Weisinger, Hendrie, Ph. D. *L'intelligence émotionnelle au travail, gérer ses émotions et améliorer ses relations avec les autres*, Montréal, Éditions Transcontinental inc., 2005.

Ziglar, Zig. *Secrets pour conclure la vente*, Brossard, Éditions Un monde différent, 1990.

L'accueil plaisir, PB◇RH DIRECT, 1992.

Le téléphone plaisir, PB◇RH DIRECT, 1998.

Table des matières

Remerciements 9

Avant-propos 11

1
Développez vos habiletés relationnelles

Les bases de toute relation 15

Le client a-t-il toujours raison? 16

    Les différents types de personnalités 19

Soigner la qualité de ses relations 23

    Les causes de la non-fidélité des clients 23

    «Pas de qualité sans qualités humaines» 24

2
Découvrez les attentes de vos clients

Les attentes implicites 29

Les huit grandes attentes des clients 31

    Première attente: le plaisir et la reconnaissance 31

    Deuxième attente: l'empathie 32

    Troisième attente: la compétence des employés 33

    Quatrième attente: la rapidité et l'accessibilité 34

Cinquième attente : la fiabilité, la sécurité et la tangibilité... 36

Sixième attente : la crédibilité 37

Septième attente : la courtoisie 38

Huitième attente : l'appartenance 39

Passer de la sensibilisation à l'action 39

La marge de tolérance des clients 41

Les facteurs d'influence 42

Investir là où la marge de tolérance est faible 43

3

Misez sur la qualité de vos communications

Les communications au cœur de la qualité 47

Avoir une excellente capacité d'écoute 49

Test sur votre capacité d'écoute 50

Les difficultés inhérentes à l'écoute 52

L'écoute, une façon silencieuse de dire :
«J'ai du temps pour vous» 54

Conseils pour développer sa capacité d'écoute 56

Communiquer de façon positive 59

Les phrases assassines 59

Les phrases négatives 60

Exercice : Que signifient pour vous les énoncés suivants ?... 61

Conseils pour communiquer de façon positive 62

Connaître et utiliser efficacement le non-verbal 65

Les grands principes à respecter 66

Conseils pour bien utiliser le non-verbal 67

Un mode de communication présent
dans toutes les sociétés 69

Conseils pour améliorer le non-verbal 72

4

Respectez les règles de l'étiquette

Des outils simples et faciles à utiliser 79

L'étiquette à l'accueil 81

Conseils pour créer une image professionnelle à l'accueil ... 81

L'étiquette au téléphone 85

Conseils pour bien répondre au téléphone 85

Conseils pour passer un appel à quelqu'un d'autre 87

Conseils pour prendre ses appels 88

Conseils pour bien utiliser sa boîte vocale 89

Conseils pour bien répondre à une plainte par téléphone 90

La nétiquette 93

Conseils pour s'assurer de la qualité de ses courriels 93

Conseils pour bien répondre au courriel
d'un client mécontent 94

5

Changez votre perception des plaintes

Un point de vue plus dynamique 99

Accueillir les plaintes qu'on reçoit 101

Conseils pour bien réagir lorsqu'on reçoit une plainte 101

Partez de vos propres émotions 106

Gérer la satisfaction des clients.. 107

Conseils pour bien gérer la satisfaction des clients 108

Utilisez les plaintes comme outil d'amélioration 110

Les clients difficiles 111

Conseils pour bien interagir avec les clients difficiles 112

Conseils pour bien interagir avec les clients agressifs........... 112

Conseils pour bien réagir lorsqu'il y a des tensions 114

Vous avez droit au respect du client 114

6

Soignez l'image de votre entreprise

Les aspects importants.. 119

Être attentif aux changements sociaux..................................... 121

Les tendances au 21e siècle... 121

Afficher ses valeurs... 125

Faites-le savoir 126

Être à la hauteur de ses promesses... 129

Transformer l'acte d'achat.. 131

Offrez-leur une expérience mémorable 131

Susciter l'émotion... 133

La vue.. 133

Le toucher.. 134

L'ouïe.. 134

L'odorat... 134

Le goût 135

L'émotion, une aptitude qui ne peut pas
être automatisée ! 136

La démarche client et l'amélioration continue

Améliorez vos processus d'affaires 141

   Les moments de vérité 141

   Suivre pas à pas l'itinéraire du client 143

   Une démarche progressive 146

Allez voir ailleurs ! 149

   Multipliez les occasions de vous sensibiliser 149

   Notez vos coups de cœur 150

Conclusion 153

Bibliographie 157